AF246948

L'Armée Économique

PAR L'AVANCEMENT

L'Armée Économique

PAR L'AVANCEMENT

Capitaine BRUN

(Ex-Capitaine Commandant au 7e Hussards)

L'Armée

Économique

PAR L'AVANCEMENT

PARIS

ALBIN MICHEL, ÉDITEUR

59, Rue des Mathurins

PRÉFACE

Tout le monde discute les choses militaires et à bon droit puisque chacun passe par l'état militaire et a intérêt à la meilleure gestion. Les compétences sont très discutables et celles que l'on qualifie ainsi n'ont la plupart du temps commencé leur apprentissage qu'avec un grade déjà élevé, c'est-à-dire par l'école militaire dès la sortie du collège. C'est connaître un jeu de cartes par le dos et de cette façon elles semblent toutes pareilles et de la même valeur. Tout autre est l'aspect de ce même jeu de cartes vu par en dessous; aucun des observateurs en posture d'avoir joui de ce coup d'œil ne s'est donné jusqu'ici la peine de présenter ses observations au public, soit qu'il se désintéressât de la question, qu'il jugeât inutile de se donner cette peine, soit que la besogne parût trop ardue, en vue du résultat probable. Il est pourtant urgent que quelqu'un assume cette tâche à l'heure décisive qui va sonner : je n'écris point un pamphlet, je n'attaque aucune personnalité, mais je signale les abus, je dénonce les institutions qui ne répondent plus aux besoins actuels, si respectables soient-elles. Je ne dis que ce que j'ai vu, entendu; je ne cite aucun nom pour ne froisser personne et je demande pardon d'avance à tous ceux dont ma thèse pourrait léser les intérêts ou la manière de voir.

Une volte-face aussi complète que celle qui se prépare ne peut s'opérer sans déposséder quelqu'un d'un privilège pour améliorer la situation d'un autre et je suis convaincu que l'homme impartial reconnaîtra que, sachant ce que j'énonce, je devais le dire pour le bien de mon pays.

Eugène BRUN,
Ancien officier de hussards.

L'ARMÉE ÉCONOMIQUE

ET L'AVANCEMENT

LE SERVICE MINIMUM

et ses conséquences

CHAPITRE PREMIER

L'ANTIMILITARISME ET SES CAUSES

Hé bien, nous y voilà arrivés au fameux tournant de l'histoire, comme disent les phraseurs; on pourrait simplement appeler cela le passage du coin, locution usitée par tous ceux qui savent ce que cet endroit nécessite de délicates opérations de la part des gens qui sont parfois montés sur un cheval.

Comment se fait-il qu'après l'enthousiasme des premières heures qui ont suivi la défaite de 1871, on en soit arrivé à se désintéresser du noble métier des armes? à le trouver trop lourd? à chercher à diminuer ses charges? cela tient à des causes multiples, bien définies, que nous allons chercher à mettre en évidence et encore peut-être ne les trouverons-nous pas toutes, car à côté de celles qui sont flagrantes, il en est qui sont latentes et par conséquent aussi variables que les intérêts où les individus.

En principe, il n'y a qu'une bonne armée, l'armée de métier, celle qui y est rompue, qui ne fait que cela, qui n'a pas d'autre profession et qui, sans regarder en arrière, part dans la direction qu'on lui indique, se bat, se fait casser la tête, est victorieuse ou vaincue; on l'acclame ou on la plaint à son retour et puis l'on n'y pense plus, car le résultat, quel qu'il soit, n'atteint qu'une partie minime du pays. La paix signée, cette armée retourne dans ses garnisons et y monte la garde à la porte des monuments publics, sert de soutien à la gendarmerie dans les troubles, aux pompiers dans les incendies, aux bonnes d'enfants dans les promenades publiques et va à l'exercice et aux corvées le reste du temps.

C'est cette armée-là que nous avons connue avant 1870, admirablement dressée, quoi qu'on en ait pu dire et fort bien entraînée par des chefs remarquables dont on se plaît à faire aujourd'hui des têtes de turcs, sur lesquelles il est de bon ton de taper pour trouver des excuses à une faute qui retombe sur la nation entière. Une mesquine économie pour la création de la garde mobile nous a coûté dix milliards, c'est déjà cher; nous sommes en train, si l'on n'y prend garde, de doubler la somme, en pleine période de paix, par des résistances enragées aux réformes qui s'imposent et auxquelles on se refuse, préférant faire passer l'intérêt général après les intérêts particuliers.

S'il est bon d'honorer les morts et de prononcer des discours pompeux sur leurs tombes, de porter des couronnes à leurs monuments lors des anniversaires, il faudrait au moins que la dure leçon profitât, et le vrai patriotisme est dans le perfectionnement continu, l'amélioration toujours croissante et l'abnégation sans laquelle il n'est pas de progrès possible dans une réforme.

Or, aujourd'hui, c'est bien d'une réforme qu'il s'agit et le mot n'est que strict.

Lorsque, en 1870, on s'aperçut que notre armée professionnelle était noyée sous le flot envahissant, il était trop tard pour élastiquer ses cadres et y incorporer des levées permettant d'opposer à l'ennemi des effectifs à peu près égaux.. Ces levées n'étaient pas exercées et leur instruction, hommes et cadres, fut faite à la hâte, pendant que l'armée de métier leur servait de paravent; les approvisionnements prévus pour 500.000 hommes ne pouvaient suffire à 1.800.000, et, sans mettre en parallèle la valeur individuelle, il est incontestable que chaque homme n'étant que l'affût de son fusil, les nôtres devaient être écrasés sous le feu convergent, le plus petit nombre étant fatalement entouré par le plus grand.

PÊLE-MÊLE

Dès la paix, la folie du nombre s'empara de nous et l'on ne rêva plus que gros bataillons : la loi de 1868, faite par un militaire de valeur, avait été expérimentée au petit bonheur, sans aucune préparation, et, cependant, elle nous avait donné l'armée de la résistance, mais comme celle-ci n'avait pas été heureuse, on cria : *Haro sur le baudet !* et cette loi fut reléguée pour faire place à une autre beaucoup plus vexatoire comme astrictions.

Finis les gardes mobiles ! ils devenaient réservistes et le sont restés : incorporation dans
les régiments actifs pour y goûter, sans doute,
les douceurs de la chambrée. (Combien ont
dû regretter les camps d'instruction !)

Outre qu'il n'est nullement agréable à un
homme de trente ans d'être commandé par un
caporal de vingt ans, il faut reconnaître qu'à
vouloir placer pêle-mêle tous les âges, toutes
les professions, toutes les classes sociales, on
a dégoûté tout le monde. A qui pourra-t-on
persuader que les gradés de la réserve sont
heureux d'être placés sous les ordres de ceux
de l'active. Voici un sergent réserviste qui a
quitté le service avec cinq ans de grade et
vous le subordonnez à un gradé nommé
quinze jours avant, à la libération de la
classe ! Il ne fallait pas traiter les gens en
bétail de Panurge et la classification de 1868
qui plaçait ensemble les hommes d'un même
âge et d'un même pays, était préférable.

On objectera que les convocations des réserves sont subdivisionnales ou régionales selon les armes et que cela revient au même,
hé bien, en apparence, cela semble, mais au
fond, ce n'est pas du tout pareil. D'abord, ils

sont mélangés dans l'active avec les inconvénients précités, ils ne sont donc pas chez eux et ne forment pas corps, ce qui, vu d'en haut, est une gloriole inutile, mais vu d'en bas, constitue un esprit de corps : ceci est un appoint qu'on aurait dû utiliser. Comment ? En formant des unités entières des uns et des autres au lieu d'escouades. Et qu'on ne crie pas à l'impossible : la sortie de Buzenval fut exécutée par des régiments de marche composés d'un bataillon de ligne, un de mobiles et un de mobilisés qui rivalisèrent d'émulation; or, il est probable que l'expérience eût duré sans la fin des opérations et nous eût donné un précieux enseignement.

Bref, l'impression dans le public est la suivante : « l'autorité militaire ne cherche qu'à nous faire sentir le talon de la botte en nous plaçant dans des conditions désagréables, qu'elle pourrait, qu'elle devrait même nous éviter. Quand nous avons fait une période de quinze jours que gagnons-nous à en rester treize de plus, s'il n'y a pas de manœuvres ? nous balayons la cour et portons des gamelles ».

LES VEXATIONS

Il·faut reconnaître que les convocations ne sont pas toujours faites en raison des moyens d'instruction : on me cite un régiment de cavalerie qui avait laissé cent trente réservistes au dépôt avec 4 chevaux pour les instruire : on faisait des théories sur l'embarquement du matin au soir et les chevaux tiraient leur cavalier quand celui-ci était inattentif. Passer vingt-huit jours à cette besogne, c'est beaucoup; il eût été plus utile de les renvoyer, mais songez donc? renvoyer un homme qui ne sert à rien? Il se retrempe dans la discipline ! — Nenni, vous lui apprenez simplement à détester la férule.

On a même vu des régiments d'infanterie qui, rentrant des manœuvres, renvoyaient les actifs libérables, mais gardaient les réservistes qui avaient encore *un* jour à faire... Ainsi donc la brimade était patente, il était fait cadeau de trente-cinq jours de service aux actifs et on ne pouvait donner vingt-quatre heures aux réserves? à qui faire avaler cela? Un cours de logique s'impose dans toutes les écoles de France.

En attendant, le service militaire est devenu odieux aux réservistes en général et le mal qu'ils en disent devant les jeunes gens le font mal venir de ceux-ci avant même que leur tour d'y passer n'arrive.

C'est fâcheux, très fâcheux ; au lieu d'envisager le commandement comme une prérogative, peut-être vaudrait-il mieux le considérer comme une charge, une direction, et le rendre agréable : un bon cavalier ne doit jamais faire sentir le mors à son cheval sans nécessité. Mais comment inculquer cela à des gens qui, sortis du collège pour entrer dans une école militaire se considèrent comme caste à part ? Ils n'admettent aucune critique ; pour eux, une critique même anodine, est un doute sur leur supériorité et leur supériorité en tout, même en ce qu'ils ignorent, est un principe : ils n'en démordent pas. Toute objection est une insulte vis-à-vis d'eux ; ils n'ont vécu avec personne d'autre profession, mais les ridiculisent toutes, même celle de leurs parents. Allez donc faire une observation ! Toute la solidarité d'école est mise en jeu, la camaraderie marche et cent individus arri-

vent comme un troupeau de peccaris sur qui
a cru pouvoir formuler une remarque.

Ceci n'est encore rien : vous mêlez ensemble
tous les individus, toutes les tailles, toutes les
aptitudes, toutes les conditions, toutes les intel-
ligences, dans une olla podrida gigantesque
que l'on pourrait nommer le miroton patrio-
tique ou la macédoine nationale, mais vous
n'avez pas réfléchi qu'il faut une fière abnégation à un Duruy, ancien ministre, pour monter une faction et que les fonctionnaires, grands
commerçants, chefs d'industrie, etc., qui ont
l'habitude de mener administrativement un
grand établissement ou une circonscription,
sont quelque peu rebelles à la fiction qui les
place sous les ordres d'un monsieur quelconque sur lequel ils avaient le pas la veille,
et sur lequel ils l'auront demain, avec toute
la rancune des mauvais procédés essuyés et
qu'ils sont en mesure de rendre au centuple,
s'ils sont quelque peu méchants.

Il n'y a qu'une objection à faire : « Ceci se
passe pourtant dans des couvents où le supérieur devient à son tour le subordonné de son
successeur. »

Sapristi, alors pourquoi se priver de ce superbe exemple de discipline?

Et les carrières libérales, magistrats, avoués, avocats, notaires, écrivains, artistes, etc..., que vous placez entre les mains d'un blanc-bec galonné, lequel n'étant jamais sorti de son milieu, se figure que le monde entier est régi par un bout de galon et raconte à ses inférieurs d'un moment des bourdes dont ils se délectent, en se gondolant une fois l'exercice fini; vous étonnerez-vous que ces gens-là soient prêts à caricaturer un métier dont on ne leur montre que les côtés grotesques ou vexatoires? Alors on recueille toutes les anecdotes farceuses et on les met sur le dos d'un même bouc émissaire, on lui donne pour nom Ramollot et on en fait le modèle-type, bien à tort, d'une pléiade de gens qui ne sont pas moins intelligents que leurs détracteurs, mais qui ont souvent le grand tort de ne pas assez les connaître.

Or, si, au dire de Ramollot, le militaire se recrute dans le civil, en revanche le civil à son tour se recrute dans le militaire, ce ne sont donc pas les points de contact qui manquent.

L'INSTRUCTION

Quant à l'instruction, elle est la même pour l'année entière et elle recommence tous les ans, ce qui fait qu'un homme qui sera resté au service dix ans aura recommencé dix fois la même chose. Le réserviste ou le territorial qui sont appelés pour une période plus courte, ont des tableaux de travail réduits prévus, qui sont toujours les mêmes et chaque convocation est semblable à la précédente.

Les cadres chargés de les instruire en sont saturés, commandent avec un désintéressement absolu et ceux auxquels ils enseignent gagnés par cet ennui officiel, ne suivent attentivement que les aiguilles de l'horloge qui marquera la fin du supplice. On ne cherche pas à faire quelque chose d'intéressant, on tue le temps, d'où ennui pour les instruits comme pour les instructeurs.

Dieu sait pourtant qu'il est facile de rendre une instruction militaire attrayante; c'est le savoir-faire d'un chef qui se fait sentir là et quand il s'en trouve, quelque rares qu'ils soient, la troupe prend un aspect alerte, vif, dégourdi et ne se rend plus à la manœuvre comme un troupeau à l'abattoir, mais bien avec gaîté et bonne humeur, comme il sied à des troupes françaises.

Mais pour cela il faut savoir parler, expliquer ce que l'on veut, y jeter au besoin une note drôle; l'autorité ne perd rien à n'avoir pas une figure renfrognée et le résultat y gagne considérablement. La tendance générale est malheureusement à la raideur prussienne: du haut en bas de la hiérarchie on se donne des allures d'empalés qui n'ajoutent pas un atome d'ascendant au grade, mais en revanche rendent tout contact désagréable. Blücher, après sa chute de Ligny, et ramenant sa troupe au canon de Waterloo, parcourait le flanc de sa colonne la pipe aux dents et tout courbaturé, causait avec ses soldats et les encourageait de la voix et du geste. Quel exemple ! ! Comme il nous a coûté cher ! ! ! Le hobereau prussien n'avait pas la raideur des sous-hobereaux français.

Toutes ces choses avaient déjà indisposé pas mal de monde contre le service militaire tel qu'il nous régit; quand il en est venu d'autres qui ont achevé les convictions et déterminé l'évolution.

Ce simple fait de placer souvent des personnalités plus intelligentes sous les ordres d'autres qui le sont moins constituait déjà un froissement par suite des conflits d'amour-propre et autres trop fréquents qui s'ensuivaient. Les transitionnels ne sont ni sourds ni aveugles et Pétrone dissertant avec Néron leur eût accordé une âme.

Quand le troupier a vu qu'il recommençait tous les ans le même travail de Pénélope sans variation aucune, une fois redevenu électeur, il a envoyé au parlement des mandataires chargés de demander la réduction du temps de service et le service a été réduit de cinq à trois ans dans l'active. Comme compensation, et pour assurer la mobilisation il a fallu prolonger le maintien des hommes dans la réserve. Cette obligation ne laisse pas que d'être gênante pour beaucoup de personnes que leurs occupations appellent ailleurs et qui ne seraient pas fâchées de voir diminuer un peu la sujétion qui leur incombe.

Sur ces entrefaites une mauvaise gestion financière continue, du côté gouvernemental, et, du côté militaire, la simplification rationnelle des règlements ainsi que l'application de procédés tactiques beaucoup plus pratiques ont amené à constater que le service pouvait être réduit à deux ans. Il ne fallait pas être grand clerc pour découvrir cette vérité de la Palisse puisque nous avions eu les volontaires d'un an et les hommes de la deuxième portion (ex-mobiles) qui ne faisaient que six mois de service. Sous la pression financière, il est déjà adopté en principe, en raison de la nécessité de faire des économies.

Toute l'hésitation provient de cet argument: « Nous n'aurons que deux classes sous les drapeaux ! » Nous verrons plus loin ce que vaut cette objection.

Pour le moment il n'en demeure pas moins acquis que l'esprit militaire est en décroissance chez la partie de la population qui doit former l'appoint de la première ligne. Le fait d'être restés l'arme au pied pendant trente ans a certes amené une lassitude chez ceux qui attendaient la liquidation de la question de l'Alsace-Lorraine et qui, ne voyant, comme sœur Anne, rien venir, ont fini par se désister d'entraînements non productifs. Joignez-y des mesures parfois peu judicieuses, des raideurs intempestives sous le rapport des dispenses ou des changements de date pour l'accomplissement du devoir militaire, ajoutez-y le peu de compensations pour les officiers des réserves qui ne reçoivent aucun avancement et n'ont aucune prérogative en échange, et il sera facile de comprendre pourquoi, au milieu de cette race qui a toutes les qualités d'allant, de dévouement, d'intelligence, on vient vous dire : « Nous ne trouvons plus d'officiers « de réserve, les réservistes demandent la di- « minution du temps de rappel sous les dra- « peaux et les actifs réclament une année de « moins de caserne. » Ceci s'appelle tout simplement une crise, et comme toute crise comporte une solution, c'est celle-là que nous devons chercher sans retard.

LA DIPLOMATIE

La diplomatie (que l'Europe nous envie) entre aussi pour sa part dans les motifs de la dépression des sentiments militaires. Les incidents de frontière : Wangen Schnaebele pour ne parler que des plus retentissants, et les conflits diplomatiques anciens et récents où nous nous sommes laissé parler sur un ton

qu'aucun de nous ne tolérerait d'homme à homme, ont achevé l'écœurement. « A quoi
« bon avoir une armée aussi formidable qu'on
« nous la dépeint, si nous plions bagage de-
« vant la moindre menace ? ou alors si nous
« sommes décidés à tout supporter, à quoi
« bon des charges onéreuses budgétairement
« et gênantes particulièrement ? »

Et tous ceux qui se sont fait ce raisonnement ont demandé la réduction.

Un procès qui devait se dérouler au grand jour suivant la promesse formelle d'un ministre, auquel personne ne l'avait demandée, s'est terminé dans un regrettable huis clos trompant la curiosité générale. Guillaume avait, disait-on, frisé sa moustache d'une façon comminatoire, fait entrevoir une déclaration de guerre et pour éviter des complications (? ? ?) on avait filé doux.

« Nous sommes maîtres chez nous » avait dit patriotiquement le ministre de la guerre, il est évident maintenant que nous ne le sommes pas.

Après tout l'argent donné en réfection du matériel, accroissement des cadres, augmentation des soldes, la constatation était déce-

vante. La déception se traduisit immédiatement par ce cri du cœur : « Pour de si piètres
résultats, ce n'était pas la peine de payer
si cher ! » Dès lors il n'y a plus de criminel,
il disparaît dans l'ombre et l'on s'en prend au
cadre qui chargé de nous conduire à l'ennemi
déclare ne pas pouvoir marcher. Une guerre,
même malheureuse, eût mieux valu que cette
reculade à laquelle on peut attribuer la meilleure part dans l'abandon de l'esprit guerrier.

Quand un joueur de baccara passe un gros
coup, on dit qu'il manque d'estomac. Nous
avons manqué d'estomac, et rien ne dit que
nous n'aurions pas gagné la partie.

« Je paie mon cocher, disait un sportsman,
« pour me conduire où je veux aller et s'il ne
« sait pas le faire, je le remplace ! »
Certes si Fachoda ne valait pas l'épiderme
d'un tirailleur haoussa, il n'en est pas moins
vrai que le ton employé vis-à-vis de nous méritait un rappel aux convenances avant toute
autre explication. Et l'incident de Fachoda
eut un corollaire plus fâcheux encore : c'est
qu'il montra qu'on n'avait que sommairement
prévu la possibilité d'une tentative de débar-
quement sur nos côtes. L'éventualité était peu

probable et le mal fut d'ailleurs très vite réparé mais le fait étale le danger de l'hypnotisme allemand. Tout est prévu sur cette donnée et cependant nous avons d'autres frontières.

En Allemagne, tous les plans sont établis, aussi bien contre les amis que contre les autres et les projets arrêtés contre n'importe quel nombre d'adversaires et de n'importe quelle provenance.

Et on vient vous demander ensuite d'avoir confiance ! ! En qui, en quoi ?

LE DOGME DE L'INFAILLIBILITÉ

La partie professionnelle invoque le dogme de l'infaillibilité. Il faudrait pour cela supprimer les gaffes qui se font en public.

Le dogme de l'infaillibilité, pour l'autorité pontificale, la plus haute qui soit puisqu'elle est purement morale, n'est accepté qu'avec restrictions mentales par les gallicans, et vous voulez la faire admettre pour une autorité pas assez préparée au commandement et dont les fautes sont journellement palpables !

TENDANCE A LA PRIMAUTÉ PAR LES ACTIFS

Les professionnels se supposent seuls militaires et s'intitulent l'Armée. C'est une grave erreur.

L'Armée se compose de :

1° L'*Active*, qui est un cadre permanent de conduite en cas de guerre et d'instruction en temps de paix. C'est ce qu'on peut appeler les professionnels.

Outre ce cadre, elle renferme les classes qui viennent y recevoir l'instruction militaire, que l'on peut qualifier de primaire, c'est-à-dire, les règles de tactique élémentaire de service intérieur et de service en campagne. Ce sont les transitionnels.

Le cadre des sous-officiers y reçoit l'instruction secondaire, plus perfectionnée et plus étendue, enfin le cadre des officiers y acquiert ce que l'on peut appeler l'instruction supérieure. Certaines armes et certains services, artillerie, génie, état-major, intendance y puisent l'instruction technique;

2° *La Réserve*. — C'est le plus clair de l'armée de France, parce que c'est la chair à canon et à ce titre elle mérite des égards, elle semble dire à l'autre : *Morituri te salutant.*

Et elle n'est point à dédaigner tant par son nombre que par sa composition. C'est pourtant le dédain qui est le plus généralement employé à son égard sans que rien puisse le justifier, c'est justement de cela qu'elle se plaint.

Si l'active possède des cadres, en revanche, malgré leur nombre par trop exagéré en temps de paix, ils ne peuvent pas encadrer la réserve en temps de guerre ; il faut donc avoir recours à ceux de la réserve et les préparer à leur rôle de façon à réduire ceux de l'armée active à la stricte proportion. On n'a encore pris depuis trente ans aucune mesure dans ce but.

Pourtant il y a là l'élite intelligente de la nation; tout ce qui pense et travaille s'y trouve réuni et il serait facile d'en tirer de sérieux auxiliaires. L'affectation que l'on met à ne pas les prendre au sérieux n'est pas faite pour leur donner l'esprit militaire, aussi plutôt que se voir traiter par-dessous jambe, demandent-ils tous la territoriale, dès qu'ils y ont droit;

3° *La Territoriale*. — C'est la réserve de la réserve, armée de deuxième ligne, constituée avec ses cadres propres et vivant sur elle-même.

Ces trois catégories composent l'Armée et quand elles ne sont pas réunies, la fraction qu'on a en face de soi n'est qu'une partie de l'Armée, souvent minime.

Donc, crier : *A bas l'Armée* est stupide, car c'est crier à bas soi-même : l'Armée comprend toute la partie saine de corps et d'esprit de notre race, et il faut être infirme ou idiot pour proférer un semblable blasphème.

L'active qui est le symbole permanent de l'Armée, n'est pas adroite, il faut bien le reconnaître, dans ses relations avec les deux autres fractions. Voyez en Allemagne et en Autriche une fête régimentaire et constatez les honneurs qui sont rendus aux vétérans du corps : ils reçoivent tous une invitation à laquelle ils ne manquent pas de se rendre, ils sont reçus avec empressement, retrouvent leur place (la place d'honneur) au milieu des camarades de leur grade, on leur présente la troupe à laquelle ils ont appartenu, la présentation est fraternelle, la réception cordiale, ceux qui ont été restent de cœur avec ceux qui sont ; il en vient de très loin et quand tout ce monde se sépare, enchantés les uns des autres, on se dit au revoir à l'an prochain. De la sorte la population fait corps avec son armée active et il est tout naturel que chaque ancien militaire rentré dans ses foyers se considère toujours comme étant du régiment, est prêt à lui être utile et en porte le bon renom partout.

Quelle différence en France ! A une fête régimentaire il est rare qu'on invite même les anciens officiers du régiment résidant dans la ville de garnison. S'il en est qu'on ne puisse se dispenser d'inviter par suite de leur situation, notoriété, influence, fortune, il leur est fait un singulier accueil.

Pour ne citer qu'un seul fait : un chef de bataillon en retraite fut invité ainsi par son ancien régiment, où il avait commandé une compagnie pendant douze ans: personne pour le recevoir ou le présenter aux officiers supérieurs ; d'anciens camarades, en petit nombre, lui dirent à peine bonjour; il alla voir son ancienne compagnie où son successeur qui eût dû lui en faire les honneurs le traita presque comme un intrus; il salua et partit.

Et ce n'est pas un fait de ce genre qui est à citer, c'est l'habitude courante : pourtant dans chaque ville ; il existe une foule d'anciens militaires retraités, libérés qui font partie du régiment comme réservistes ou territoriaux. Jamais une amabilité, *a fortiori* de prévenances ; comment vouloir dès lors qu'il s'établisse un courant de fusion entre ces deux éléments dont l'un semble prendre à tâche d'éliminer l'autre ?

Quand un officier de réserve vient faire un stage, il entend sans cesse dauber sur sa profession ou mépriser le gouvernement dont il est fonctionnaire. Comme c'est plaisant pour lui ! Et quel souvenir voulez-vous qu'il emporte du temps passé dans ce milieu qui lui accorde dédaigneusement et presque à regret droit de cité ?

D'aucuns font cette réflexion que beaucoup d'actifs ne seraient pas capables de remplir leurs fonctions ou leur charge et ces comparaisons ne sont pas faites pour introduire la bonne harmonie dans les deux catégories.

Un jour un civil passe avec sa femme sur un trottoir longeant une caserne. Une sentinelle les force à descendre dans la boue quoiqu'on ne soit pas en temps de troubles et que le trottoir appartienne à tout le monde. Le civil, ancien soldat et excellent sujet, réserviste dans un corps d'élite, entre au poste et porte plainte : le sous-officier de garde le traite de voyou ! Parce que le plaignant était en habits peu neufs, ce n'était pas une raison pour lui infliger une épithète méprisante ! et qu'aurait donc été ce sous-officier lui-même, rentré dans la vie civile ?

Il est tout naturel ensuite qu'on vienne vous dire : « la caserne est aux troupes, mais l'ex-« térieur ne leur appartient pas et nous qui « payons les trottoirs, nous entendons mar-« cher dessus ».

Les adjudants-majors et adjudants, avant de donner des consignes, devraient avoir au moins quelques notions de droit public ou s'inspirer de dispositions conciliantes, mais c'est toujours la même chose, leur état passe selon eux avant tout autre et ils le font brutalement sentir.

Imaginez-vous les instituteurs et sergents de ville coalisés pour prendre la prépondérance sur les autres emplois. Quels cris d'orfraie de tous côtés ! Qu'est donc le métier militaire par un temps de paix à outrance, sinon un mélange d'instituteur et de sergent de ville ?

Le point de départ est d'ailleurs absolument faux : les actifs qui se considèrent comme étant l'armée elle-même, ne se rendent pas compte qu'ils ne peuvent marcher seuls à l'ennemi sous peine d'être balayés comme un fétu de paille. « On ne prend pas les mouches avec du vinaigre », dit le proverbe et ne serait-il pas plus habile de leur part de ménager davantage les susceptibilités de ceux qui viendront leur apporter l'appoint de leur nombre, de leur bonne volonté, voire même de leur expérience, si ce sont d'anciens professionnels, ou simplement de leur savoir, de leur esprit et de leur talent ?

De tous côtés on n'entend que des critiques acerbes de la part de gens que l'on a butés, par suite de rebuffades analogues à celles qui viennent d'être citées. Un homme intelligent disait un jour d'écœurement : « Ces mes-
« sieurs se croient vraiment trop au-dessus
« des autres, car tout le monde peut être mi-
« litaire et eux ne seraient pas capables de
« nous remplacer dans nos métiers.

C'est par des vétilles semblables qu'une institution se perd, et, autant on avait mis de hâte à prendre des galons d'officier de réserve (séduction du costume sans doute), autant on en met aujourd'hui à les quitter. ..

Pourquoi les garde-t-on plus volontiers dans la territoriale? tout simplement par la raison énoncée au commencement de ce chapitre, c'est, qu'on s'y trouve entre gens de même âge et de même milieu et que le frottement y est moins sensible.

MAUVAISE RÉPARTITION DES CADRES ACTIFS

DANS LES RÉSERVES

Que l'esprit militaire se perde dans les réserves où les individus ne se sont point destinés à la vie militaire et ne font qu'accomplir les formalités exigées par la loi, cela n'aurait rien de bien extraordinaire, mais un symptôme plus grave apparaît : les anciens officiers qui ont quitté le service optent tous pour faire dans l'armée territoriale, les cinq ans pendant lesquels ils sont à la disposition du Ministre. Voilà d'excellents cadres perdus pour l'armée de réserve. Et c'est tout naturel, car les démissionnaires ou ceux qui quittent avant la limite d'âge, le font la plupart du temps à la suite de passe-droits ou d'un déni de justice. Qu'est-ce qui pourrait les attendre comme compensation ? rien ! L'officier de l'active qui passe dans la réserve reste à perpétuité dans le même grade, quelle que soit son ancienneté et ses anciens collègues sont généraux qu'il n'est encore que lieutenant. En revanche, d'anciens engagés conditionnels y sont capitaines, quand d'anciens sergents-majors y restent sous-lieutenants. On va donc dans l'armée territoriale, non pas que les conditions y soient plus brillantes, mais on y est entre soi, sans contact avec le contrôle de plus jeunes du grade supérieur, et en outre les convocations sont moitié moindres.

L'ABUS DE LA TENUE CIVILE

L'active elle-même décline de semblable façon et il faut dire que l'abus de la tenue civile y est pour quelque chose : la façon dont s'opère l'avancement fait le reste.

J'ai connu un officier qui n'avait pas de tenue de rechange, mais possédait en revanche, une collection de costumes tous plus copurchics les uns que les autres : ayant été invité à déjeuner un jour chez un supérieur, celui-ci fut obligé de le prier d'aller changer de tenue par égard pour les autres convives : il revint dans le dolman d'un camarade avec qui il logeait.

DISTRIBUTION DES GRADES

Les médecins sont la catégorie la mieux partagée, ils ont presque tous le grade d'officier, les plus jeunes celui d'adjudant. Là encore il n'est pas rare de voir des anomalies dont voici la plus frappante : Un officier était sous-lieutenant dans le même régiment qu'un médecin de réserve portant le même galon. L'officier passa capitaine dans la ville où habitait ce médecin, il lui fut donné de le voir un jour à une convocation en tenue avec deux galons au képi. Ceci était d'autant plus surprenant qu'il y avait quinze ans qu'il avait eu le premier et ce praticien, savant quoique modeste, était tout simplement médecin en chef de l'hôpital du lieu, les médecins militaires eux-mêmes venaient lui demander des conseils en temps de paix et il se fut trouvé sous leurs ordres en temps de guerre.

Jamais il ne fit une allusion à ce sujet, mais

enfin s'il se plaignait du talon de la botte, qui donc lui donnerait tort ?

Bien plus joli ! Un jour un chef de bataillon de chasseurs, par conséquent ayant les prérogatives de chef de corps, se retire, on le nomme dans la territoriale où il se trouve sous les ordres d'un ancien capitaine de recrutement bombardé lieutenant-colonel sans avoir été chef de bataillon ! A qui la faute si la cocarde se perd ? Les grades ont été donnés d'une manière absolument décousue dans la réserve et la territoriale; on a toujours considéré dans l'active, ces armées comme des annexes sans importance alors qu'au contraire, elles sont le nombre. Or, le nombre est un chiffre respectable, ne fût-ce que par sa masse même et une valeur si on sait l'organiser. Il n'y a qu'à le vouloir.

Evidemment, ce cas est exceptionnel, soit, j'en conviens, mais n'aurait pas dû se produire.

Quant à l'action des journaux socialistes internationaux, on l'exagère beaucoup et elle n'a pas la répercussion qu'on se plaît à lui prêter. Les recrues arrivent dans les régiments actifs presque toujours avec entrain et non pas en rechignant : ils y sont généralement reçus avec aussi peu de raideur que possible : la discipline tout en restant immuable, s'est humanisée et faite intelligente (autant qu'on a pu). On n'en est plus au temps où l'on répondait à une critique sur une pratique surannée et inutile : « C'est possible, mais c'est très militaire. »

Les réservistes accomplissent leurs périodes sans sourciller, mais il n'en est pas moins visible à l'œil nu qu'ils préféreraient autre chose et que le temps leur semble long. Il n'y a qu'une catégorie de réservistes qui ne se plaignent pas : ce sont ceux qui sont venus pour faire la fête loin de leurs femmes.

Les uns et les autres font le service qu'on leur prescrit et repartent encore de bien meilleure humeur qu'ils ne sont arrivés, ce qui est un tort, car beaucoup de soldats actifs libérés auraient bénéfice à rester plutôt que de retourner parfois à leur ancien métier et de le reprendre, comme cela arrive, à contre-cœur. Mais allez donc leur faire entendre cela ! Si, par hasard, un homme rengage ou commissionne, de tous les angles du quartier part le cri : « Tu n'as donc pas de pain à la maison, fainéant ! » et le malheureux, dépourvu généralement de la hardiesse nécessaire, n'ose tenir tête au troupeau de pecaris, il part du service et traîne souvent la misère.

LE SERVICE INTÉRIEUR

Le passage par l'armée active, surtout dans une démocratie impondérée comme la nôtre, a du bon en ce qu'il discipline et assouplit des natures qui, sans cela, ne connaîtraient que le régime de la force et des appétits violents. Là, ils sont obligés de plier et de se rendre compte qu'il faut toujours obéir à quelqu'un.

Mais, comme toute chose humaine, s'il y a un bon côté à celle-là, il y en a aussi un mauvais : c'est le jeu de la toupie hollandaise qui fait prendre le métier en horreur. On a essayé de le supprimer sans pouvoir y réussir, malgré même des rigueurs qui eussent empêché la terre en personne de tourner. Voici en quoi consiste ce jeu : le caporal de chambrée dit à l'homme de chambre : « Balayez la chambre » et s'en va. L'homme commence sa besogne quand le caporal de semaine passe dans le casernement vide et dit à cet isolé :

— Que faites-vous là ?

— Je balaie la chambre.

— Laissez cela un instant et balayez l'escalier.

Pendant qu'il balaie l'escalier, accourt le sergent de semaine qui vient d'être secoué par l'adjudant pour n'avoir pas fait balayer le devant des bâtiments :

— Qu'est-ce que vous faites-là ?

— Le caporal m'a dit de bálayer l'escalier.

— Laissez l'escalier tranquille et hâtez-vous de balayer le devant du bâtiment !

La victime s'exécute : pendant ce temps, le caporal de chambre revient, s'emporte et le punit pour n'avoir pas balayé la chambre, celui de semaine en fait autant pour n'avoir pas nettoyé l'escalier et pendant qu'il les écoute, il ne balaie pas le devant des bâtiments, ce qui lui vaut une troisième punition par le sergent.

Aussi, pour échapper aux combinaisons variées de ce sport, l'homme, à la fin de sa première année de service cherche régulièrement une tangente, c'est-à-dire un emploi qui ne lui donne qu'un maître au lieu de trente-six : il y a bien les garde-magasins particuliers, généraux, prévôts, sapeurs, cuisiniers, tambours, clairons, trompettes, maréchaux; mais malgré tout, il y a encore quelques contacts, tandis qu'il y en a beaucoup moins pour les ordonnances. C'est d'ailleurs l'emploi le plus facile à obtenir et, une fois casé, on est tranquille, plus de toupie hollandaise;! Ce n'est pas que ce soit une sinécure, mais au moins, on est commandé toujours par le même. Si on ne peut trouver emploi près d'un officier du corps, on en a près d'un officier sans troupe auxquels les corps en fournissent toujours un certain nombre. Une fois embusqué, il cire les bottes, astique les fourniments, nettoie les chevaux, harnais, voitures, secoue les tapis, balaie l'appartement, sert à table et ne va plus que de loin en loin à l'exercice; il passe comme cela deux ans, car l'officier a soin pour le garder plus longtemps, de prendre à son service un homme de la dernière classe arrivée.

Lorsqu'à lieu la libération, cet homme cherche une place de cocher ou de valet de chambre, mais, s'il est cultivateur, il retourne rarement dans son pays, à moins qu'il ne possède un bien à faire valoir. De là cette pléthore de domestiques mâles qui abondent sur le sol des villes où ils ne trouvent que rarement la place qu'ils cherchent, l'offre dépassant trop la demande, les revenus étant de plus en plus restreints et le domestique mâle sensiblement plus cher que la domestique femelle. Or, pendant qu'ils cherchent cette place sans la trouver, ils battent le pavé, font souvent de mauvaises connaissances et c'est ainsi que, faute de gagne-pain, on peut expliquer cette recrudescence de rôdeurs, souteneurs, cambrioleurs et autres pègres qui sont la plaie des grandes villes. Ceux qui n'ont pas pu s'embusquer, ont la plupart du temps passé leur période de garnison dans une ville d'une certaine importance, ils sont accoutumés au théâtre, aux concerts et aux distractions citadines plus ou moins dispendieuses et, le pli une fois pris, ne veulent plus entendre parler de la campagne. Rompus à la hiérarchie, ils sollicitent de préférence, des emplois dans les chemins de fer, les grandes industries, les magasins qui déjà regorgent d'employés recrutés de la même façon.

Il est facile de se convaincre que si l'agriculture se plaint du manque de bras, la cause en remonte indirectement au service obligatoire.

ALLURES

Allez dans un lieu public le soir et vous y rencontrerez au moins moitié de militaires; comment faire que les artisans et autres corps de métiers ne regardent pas ceux-ci d'un œil jaloux ? Il y a les rivalités de préséance et parfois de femmes, toujours celles de fortune, d'état; le civil veut avoir le pas sur le militaire et le militaire sur le civil. Passant de suite aux extrêmes, ils s'en vont partout clabaudant qu'on ne voit les uniformes que dans les lieux de plaisir. De là à dire que l'armée active ne fait rien, il n'y a qu'un pas.

Parfois aussi les professionnels, malheureusement, arborent des allures conquérantes qui ne plaisent pas toujours à 'a population, paisible jusqu'à ce qu'elle soit par trop chatouillée : le Français, quel que soit son milieu, n'aime guère à se sentir piétiné, d'où aversion pour le militaire. Les mœurs d'un autre âge ont persisté et la garnison, au lieu de frayer en bons termes avec la ville, traite les *pékins* en pays conquis, bouscule les gens sur les trottoirs, en fait descendre les femmes, les enfants et les vieillards, ne se dérange que pour des supérieurs; dans des poses de matamore, la main sur la poignée du sabre, avec des allures de reître, on se campe, on lorgne les femmes, ce qui ne plaît pas à tous les maris et je ne parle pas des jeunes filles... bref, cette façon de faire amène des rixes et cependant le pays n'est pas conquis, ce serait peut-être même difficile en cas de conflit. Y a-t-il un spectacle? Immédiatement la gent militaire émet la prétention d'y commander le programme. Comment voulez-vous qu'une population ne regimbe pas devant de semblables procédés? Et pourtant tout ce monde est de la même nation, du même pays, du même sang.

Le milieu dans lequel on vit change tellement la manière de voir et les habitudes qu'il a été donné de constater souvent que les soldats qui respectaient le moins la propriété rurale étaient toujours des cultivateurs qui eussent été les premiers à crier si l'on s'en était permis autant chez eux.

PAROLES ET ÉCRITS

Parfois des paroles venues de haut et proférées sans réflexion ont amené le découragement chez ceux qui les ont entendues. Un colonel de cavalerie eut l'imprudence de dire tout haut, lorsque la cavalerie allemande fut entièrement armée de la lance, que la nôtre était désormais incapable de l'aborder. Le mot eut du retentissement au point que le régiment eût certainement eu une forte hésitation en cas de guerre immédiate, si les officiers n'eussent fait apprendre le maniement de cette même lance aux hommes de troupe pour leur faire voir la difficulté et le point faible de son maniement. Le bon esprit revint vite, mais il y avait eu alerte et la confiance fit toujours défaut vis-à-vis du chef inconsidéré. Ici la faute en revient au mode d'avancement qui avait permis à un homme de parvenir à un grade qu'il n'eût jamais dû atteindre.

Un autre ne se gênait pas pour dire tout haut que la guerre n'est pas à désirer, parce qu'il y a bien plus d'avancement en temps de paix.

Nous avons en France trop le souci du grade pour admettre qu'il soit détenu par quelqu'un d'inférieur à sa situation et d'un autre côté, tout le monde ayant fait un stage dans l'active, a jugé les chefs aussi facilement que ceux-ci jugent leurs subordonnés. Par conséquent, les uns ne cachent rien aux autres, le contact a détruit la légende : celui qui commande n'a pas une faute à commettre, ou s'il la commet, la reconnaître carrément; son prestige n'en sera pas diminué, bien au contraire, car il se sera aperçu le premier de sa bévue.

Des publications émanant de chefs éprouvés sont souvent mal comprises par des lecteurs peu au courant des questions traitées et ce qu'il y a de pis, la presse dissolvante s'en empare, et se fait trophée de ce qui prête à l'ambiguïté, quand elle n'en dénature pas sciemment le texte ou le sens.

Un général célèbre et dont on a fait le bouc émissaire d'une partie mal engagée dont il n'a perdu que les derniers points avait déjà signalé les défauts de notre armée et de nos institutions militaires.

Un autre général de valeur, impuissant à se

faire écouter d'un ministre plus occupé de politique que de progrès, finit par se faire entendre par le seul moyen qui soit : la voie de la presse et déclara qu'en trente ans, l'infanterie française n'avait fait aucun progrès, l'appel fut entendu de ses camarades qui *forcèrent* le ministre.

Si les novateurs sont obligés de s'adresser au plébiscite pour assurer les progrès, ceci n'encourage guère les bonnes volontés.

Alors vous entendez la clameur générale : « A quoi bon tant d'efforts, de peines et de « travail si nous en sommes au même point « après trente ans de sacrifices patiemment « supportés ! Du moment que cela ne doit « servir à rien, il est inutile d'exiger autant ».

PERMANENCE DES GARNISONS

La permanence des garnisons a aussi amené l'abaissement de l'esprit militaire et chez ceux-là même dont c'est la profession. Quand un régiment est resté vingt ans dans la même ville, il y vit bourgeoisement; les habitudes sont prises, des relations sont établies, des coteries fondées et, à part quelques prises d'armes, on y mène l'existence du garde national de légendaire mémoire. Aussi, quand il faut quitter la ville, on chante la *Grande Duchesse* :

> Quand prenant les armes
> Nous nous en irons,
> Que de cris, de larmes,
> Que de pâmoisons !

Le luxe ayant tout envahi, on ne se contente plus de vivre en garni, comme le faisaient nos pères qui déménageaient tous les deux ou trois ans; aujourd'hui, on loue un appartement, une maison, une villa, parfois même on achète; on s'y installe avec des meubles chers, des objets d'art, des bibelots de prix et le déménagement devient une calamité, puisqu'il est courant que trois déménagements équivalent à un incendie. Et puis quitter des amis si charmants (qui se moquent de vous par derrière), n'avoir plus telle promenade, tel collège ou couvent pour les enfants ! Tout le monde est marié, on cherche à se terrer dans sa ville ou dans celle de sa femme pour y retrouver sa famille, ses relations; dès lors, les autres militaires ne sont plus que des accessoires : une visite par an suffit à ceux du régiment; on n'en fait pas à ceux des autres corps ou services, ils sont d'un autre monde... Ce sont les jeunes madames qui ont trouvé cela; pour elles, la ville est tout, le reste n'est rien; quant au mari, il gagne l'argent de l'Etat et son métier n'est envisagé que comme une occupation assez analogue aux heures de bureau d'un employé de ministère.

La petite madame va faire des visites à ses amies, va au spectacle, en soirée et tout le petit monde papote, minaude, marivaude jusqu'au jour où on annonce le changement de garnison. Le coup de tonnerre éclate dans un ciel serein; alors on s'aperçoit qu'il y a un régiment, d'autres ménages qu'il va falloir fréquenter, puisqu'on va quitter la vie bourgeoise; la petite madame s'emporte; après le désespoir, c'est la rage, elle frappe tout ce qui l'entoure; si l'on quitte cette ville, c'est la faute du mari! on lui lance à la tête tout ce qui tombe sous la main et on lui demande de donner sa démission ou de permuter dans le régiment qui vient : voilà la brouille dans les ménages. Maintenant ce n'est plus la lutte pour l'existence, c'est la lutte pour la garnison et un ministre ne peut plus prescrire un changement de résidence à un régiment sans encourir une série d'interpellations à la Chambre. Et quand le régiment a une fraction détachée, il faut voir les ruses d'Apaches mises en jeu pour faire sauter le tour de départ ou pour hâter le retour : c'est une série de démarches, plus diplomatiques que l'obtention d'une faveur au temps du Roy Soleil. Quand on se réinstalle, quel triomphe ! mais les petits camarades lésés ne sont guère contents et bien des querelles de clocher n'ont pas eu d'autre point de départ. En tous cas la bonne harmonie n'y gagne pas, tant s'en faut.

Certes, entre changer de ville tous les deux ans et y rester vingt ans, il y a une marge énorme ; on peut objecter qu'il est rare que des officiers restent plus de la durée d'un grade entier dans le même endroit : d'accord ! mais cela se voit encore plus souvent qu'on ne pense et quand on a négligé la camaraderie pour se confiner dans un clan de la société, le régiment n'a plus la cohésion nécessaire que l'on nomme « esprit de corps », on épouse fatalement les inimitiés et la manière de voir des personnes que l'on fréquente, ce qui rend d'autant plus difficile la conception du devoir militaire dans les temps incohérents que nous traversons.

Fatalement le militaire prend un parti, alors qu'il n'en doit avoir aucun; donc, l'esprit militaire disparaît pour faire place à celui de parti.

Pourquoi faire changer les simples soldats qui ne restent pas trois ans ? Les sous-officiers rengagés sont à peu près dans les mêmes conditions que les officiers et le changement serait d'autant plus grave pour eux que leurs ressources sont généralement modestes. Donc le mal semble à peu près sans remède: cependant, on semble s'être arrêté récemment à une tierce mesure: le déplacement individuel; il faut attendre le résultat pour l'apprécier, mais il n'en est pas moins vrai qu'il y a encore là une cause contraire à l'esprit militaire. Un régiment qui reste longtemps dans une ville, y fait des dettes, s'y crée des amitiés et des inimitiés. Les garnisons de même arme ne sont pas si loin les unes des autres, qu'on ne puisse saisir l'époque de la dislocation des manœuvres d'automne pour diriger les corps sur une garnison autre que la leur. Si les corps sont de même arme, il n'en coûtera rien de plus à l'Etat, les magasins ne changeant point.

Un colonel changeant de garnison disait : « On ne peut se figurer comme ce sera un « bien pour nous de ne plus faire toujours le « service en campagne dans les mêmes en- « droits, cela devenait oiseux. »

Ne fût-ce que ce point de vue-là, il entre en ligne de compte. En outre, tout ce qui est nouveau est beau et tout le monde y gagne: la troupe et la ville.

LA LOI DE 1889

Enfin, il y a la loi de 1889 qui est un dissol-vant complet: pas un jeune homme de car-rière dite libérale ne se trouve dans le rang; il est rare qu'il accomplisse plus d'une année de service : comme auparavant ce sont les ou-vriers, artisans, cultivateurs qui montent la garde, les autres ont tous des cas de dispense.

Voulez-vous m'expliquer en quoi la société a plus besoin de clercs, d'avocats, de méde-cins, etc., que de cultivateurs ? Si l'on réflé-chit qu'il faut faire deux repas par jour, en moyenne, on serait tenté de donner la préférence d'utilité publique aux boulangers et agriculteurs.

Cette inégalité a commencé à jeter le discrédit sur l'une des « mamelles de la France » (l'agriculture), n'est-elle pas aussi pour quelque chose dans l'abandon de la campagne au profit des grandes agglomérations ? En tous cas elle crée un antagonisme entre deux catégories nettement tranchées : celle qui ne fait qu'un an de service et celle qui en fait trois.

Quant à aimer une servitude aussi inégale, il n'y faut pas songer et c'est ce qui a lieu.

On ne peut pas faire une loi complètement équitable, elle doit être applicable dans le plus grand nombre des cas et c'est là que la jurisprudence s'embrouille souvent. Qui ne se souvient de la fameuse loi de réhabilitation destinée spécialement à réhabiliter Lesurques condamné à tort comme assassin du courrier de Lyon ? Après multiples débats, il se trouva que la loi était inapplicable à Lesurques.

Summum jus, summa injuria !

Malheureusement le relâchement de la discipline concourt aussi au discrédit des institutions militaires.

L'habitude de la vie bourgeoise fait qu'à partir de cinq heures du soir, il n'y a plus un officier dans les quartiers. Un ministre, il y a peu d'années, avait bien essayé de réagir ; car si un bateau de l'Etat n'est jamais abandonné et a toujours un officier à bord, *a fortiori*, un quartier beaucoup plus nombreux d'effectif doit se trouver dans les mêmes conditions. Ordre fut donné à un adjudant-major d'y coucher pendant la semaine; cela ne s'exécuta pas sans récriminations multiples et vociférations, mais tint bon jusqu'à la fin du ministère. Sitôt le ministre remplacé la mesure tomba en désuétude.

Le même ministre donna l'ordre de porter la tenue en permanence. Ce fut encore une bien autre musique! Ceux qui n'avaient pas de second uniforme n'avaient plus le temps de faire nettoyer le leur ! Il fallait s'en faire refaire d'autres et c'était onéreux pour des gens qui vont chasser en habits rouges. Il fallut bon gré mal gré en passer par là; quelques mesures coercitives curent raison des tergiversations. Sur ces entrefaites parut l'article d'un journal anglais à propos de la guerre du Transvaal et dépeignant l'armée anglaise: « des brutes conduites par des gentlemen » Hoho! Brutes? pas tant que cela! Gentlemen? pas tous! On croit sans peine ce qui flatte; aussi, ce mot fit-il fureur dans l'armée active et quand à la chute du même ministre on se reprécipita dans les costumes civils, c'était à qui irait au bal en habit noir.

Les maîtresses de maison elles-mêmes, qui comptaient sur le coup d'œil des uniformes en étaient quelque peu vexées et, un jeune militaire vint un jour chez un ami faire ses doléances au sujet d'un reproche ayant eu pour cause un habit noir intempestif: « Enfin j'ai « la prétention d'être invité pour moi-même ». — « Mon cher, lui dit-on, qu'entendez-vous « par vous-même? On invite votre person- « nalité non pas au poids intrinsèque, mais « bien pour ce que vous pouvez rapporter au « milieu dans lequel vous vous trouvez. Vous « ne valsez pas, je vous vois toujours dans « une embrasure, vous ne jouez pas du piano « pour faire danser, vous ne chantez pas, « vous ne dites pas de monologues, pourquoi « donc voulez-vous être invité, si ce n'est « pour le coup d'œil? Or, le coup d'œil, c'est

« votre uniforme et il est invité en même
« temps que vous. Comment? le dernier sous-
« lieutenant de réserve mettrait le sien et vous
« qui avez, plus que le droit, le devoir de l'en-
« dosser, vous négligez une semblable séduc-
« tion ? Mais vous avez manqué à tous vos
« devoirs vis-à-vis de la maîtresse de maison,
« courez vous excuser à la première occasion
« et surtout n'y manquez pas. »

SERVICE DES PLACES

La police militaire qui se faisait jadis dans
les garnisons en temps de paix, par les adjudants de place (vert de gris) ne se fait plus
du tout par les officiers des corps qui devraient en assumer les fonctions pendant
vingt-quatre heures à tour de rôle.

L'officier de service fait une ronde des postes et quitte sa tenue qu'il devrait garder jusqu'au lendemain.

L'officier permanent à la place quitte la
sienne sitôt le service commandé pour le lendemain.

Les officiers de semaine qui devraient rester en tenue pendant toute la semaine sont en

veston même, avant le repas du soir, bref, le quartier est le royaume de l'adjudant, et la garnison, le domaine de la troupe qui y célèbre la Sainte-Barbe trois cent jours par an.

Les malheureux plantons de surveillance ne peuvent être partout, et, s'il y en a plusieurs, ils se réunissent pour jouer une manille dans leur café attitré (si toutefois on en commande un par jour dans chaque corps). Naturellement, les gens molestés par une bande en balade le prennent du mauvais côté et comme ils ont été militaires avant les militaires, il se produit des rixes qui ont des alternatives diverses où le prestige de l'uniforme n'a rien à gagner.

Devant cette négligence des règlements militaires il vaudrait tout autant s'en remettre à la police civile seule à laquelle d'ailleurs les militaires doivent déférer et prêter main-forte.

LE RESPECT DE L'UNIFORME

Mais si la tenue civile a été tolérée aux officiers pour faire leurs petites farces, il faudrait au moins que leur attitude fût impeccable lorsqu'ils ont endossé leur tenue pour un motif quelconque, et on ne devrait pas les voir, comme souvent, coqueter dans les lieux publics avec des hétaïres de n'importe quelle marque. Cette intimité n'est qu'un encouragement aux sous-officiers et soldats qui vont se promenant dans les rues avec des Manon Lescaut de tout ordre.

Il y avait un temps, pas bien éloigné, où une punition sévère ne se fût pas fait attendre avec le motif : « s'est affiché avec une femme de mauvaise vie. » Mais comme ceux qui sont chargés de la répression donnent le branle, celle-ci devient très difficile.

Comment l'homme qui gagne péniblement un mince salaire, passant avec sa femme, ne se sent-il pas éclaboussé par cette montre d'un luxe (vrai ou faux) trop facilement acquis ? Ce sont des rancunes qui s'amassent par suite de relâchement.

LA DISCIPLINE

Il n'y a pas que le relâchement, il y a la fausse interprétation des règlements par ceux qui sont chargés de les appliquer. Pendant un temps la discipline fut brutale; on ne voulait rien entendre; on n'examinait que le fait, mais pas le cas particulier ni l'individu..

Avec les rappels des réservistes, il fallut bon gré mal gré subir l'air ambiant et admettre l'examen; dès lors, par crainte de la caricature, des articles de journaux, des livres vindicatifs et autres réciproques possibles, la discipline, sous prétexte de se faire paternelle, devint faiblarde et inintelligente. On ne punissait plus un délinquant, on le privait de permission : en revanche ceux qui en demandaient n'en obtenaient pas davantage. Pour être un bon soldat, il fallait être un bon enfant de chœur, avoir un petit air cafard, ne rien demander (pour être plus vite servi) et tâcher de supporter ce régime-là pendant cinq ans. En revanche, une faute dans le service entraînait seulement une punition légère. Des ordres venus d'en haut faisaient réprimander le Colonel assez imprudent pour avoir laissé faire des inscriptions sur les folios de punitions.

Cette méconnaissance du tempérament masculin amena un certain nombre d'évasions en masse par-dessus les murs du quartier. Il est bien certain, qu'après répression, il fallut se rendre à l'évidence que l'existence des cloîtres ne convenait pas aux casernes d'autant qu'on procédait aux expulsions des religieux après le fameux article 7.

En résumé, l'autorité n'est pas assez stricte dans ce qu'elle doit exiger, ni assez large pour les latitudes en dehors du service, on ne lésine pas sur une permission de la soirée, voire même de la nuit pour un homme qui va au bal, quand ces gens font bien leur service.

Il nous a été donné de voir une troupe où le service était extrêmement méticuleux, mais où tout homme ni malade ni puni depuis huit jours, était sûr d'obtenir la permission qu'il demandait à moins de cas de force majeure. Jamais une plainte contre les exigences du service ne fut formulée et, au contraire, les hommes des fractions voisines demandaient à y venir. La nourriture y était très soignée, abondante même, et la latitude d'aller se promener selon son plaisir encourageait au point que jamais on ne se fût fait porter malade à moins de l'être sérieusement. Le capitaine dut parfois faire conduire à la visite médicale des hommes qui avaient des symptômes morbides, mais ne voulaient à aucun prix se priver de la disposition libre d'eux-mêmes pendant quelques heures.

A fortiori devrait-on agir de même pour les cultivateurs, si peu encouragés lorsqu'arrivent les greffages de vignes, les moissons, les semailles, vendanges et autres opérations où ils seraient si utiles aux leurs, faute d'ouvriers agricoles.

Le fait de limiter à un pourcentage le nombre des hommes à envoyer dans leurs foyers pour quelques jours est un double gaspillage en ce sens qu'ils coûtent une somme respectable au budget, et qu'on les empêche d'en récolter une qui serait bien plus précieuse pour le ministre des finances. On ne peut les envoyer tous à la fois, soit; on peut les échelonner. Cette compression a peut-être fait plus de mal au service militaire que tout le reste, parce qu'elle atteint les familles en même temps; et les agriculteurs vous diront qu'ils paient deux fois : par le sang et l'argent qu'on leur fait perdre en plus de leurs impôts.

LE LOGEMENT MILITAIRE

Il est encore une charge pesante qui commence à faire des mécontents dans certains pays où l'on en abuse : c'est le logement militaire et le parcours des grandes manœuvres. Celles-ci, lorsqu'elles comportent de grandes agglomérations, se font généralement dans des pays qui n'ont pas été foulés depuis longtemps; mais, certaines régions sont, par leur situation même, beaucoup plus parcourues que d'autres selon qu'elles renferment des points d'approvisionnement d'eau, ou nœuds de communications, ou enfin qu'elles se trouvent dans des terrains ouverts et propres aux évolutions des troupes.

Une brigade allait tous les ans faire des évolutions dans une contrée découverte, mais où, à cause des nécessités de tout ordre, il fallait nécessairement loger les troupes dans quatre localités seulement quoiqu'il y eût une infinité d'autres villages absolument dépourvus de l'eau indispensable. L'époque où les troupes manœuvrent est toujours une cause de gêne pour le particulier : c'est le moment où les granges sont pleines des récoltes qui viennent d'être levées, c'est celui également où les enfants sont en vacances, où les citadins viennent à la campagne, il faut donc que, de part et d'autre, on y mette beaucoup de complaisance pour éviter certains heurts qui sans cela sont inévitables.

Un jeune homme tout frais émoulu se présente avec un billet de logement chez un maire dont la maison était pleine et est conduit à une chambre modeste mais convenable. Pas assez pour le sire, paraît-il, qui fait une remarque désobligeante à son hôte. Celui-ci sans s'émouvoir, lui répond froidement : « Monsieur, je ne puis vous donner ce « que je n'ai pas; vous n'avez pas la préten- « tion que je mette ma famille dans la rue « pour vous loger à sa place. Voici vingt ans « que vous venez manœuvrer tous les ans « dans nos champs et loger chez nous pen- « dant dix jours consécutifs. Si ce n'était « qu'une fois par hasard, passe encore, mais « à la fin j'aime mieux vous dire que nous ne « tenons pas à vous avoir et que vous pouvez « chercher ailleurs ».

Grand émoi, comme bien on pense, le jeune homme en référa à son chef direct, qui en référa à toute la filière : on chercha quel procédé draconien on pourrait bien employer contre ce manant qui se croyait encore pro-

priétaire malgré la présence de garnisaires;
finalement le général donna raison au particulier et tança vertement le petit jeune
homme.

L'été suivant, sur la plainte du maire fortement appuyé par ceux des autres localités, on
envoya la troupe dans une autre région où
elle expia la faute d'un outrecuidant.

Autre exemple : entre deux rivières existe
un vaste plateau où manœuvraient un jour
deux divisions expérimentant de nouveaux
règlements. Dans la maison la plus confor-
table d'un gros bourg, naturellement, on avait
logé un général de brigade; sa suite y était
installée avec tout le va-et-vient nécessaire à
la réception et à l'expédition des ordres. Ceci
était déjà gênant d'autant que la période des
expériences devait durer une douzaine de
jours. Un général de division vint s'ajouter
vers le quatrième jour, sur la prière du brigadier qui se considérait comme chez lui; les
propriétaires en étaient réduits à leurs cham-
bres, leur cuisine et leur salle à manger. Pour
les deux derniers jours, le ministre de la
guerre vint avec une suite d'officiers et,
comme il n'y avait plus de beaux logements

disponibles, il vint chez les deux généraux déjà installés, qui se réunirent cette fois pour inviter le troisième, comme s'ils se fussent trouvés chez eux. Tout ce brillant état-major accapara la salle à manger; les deux propriétaires, le père et le fils, n'eurent plus qu'une chambre pour deux et la cuisine pour manger; et encore le ministre avait-il la prétention de s'en servir pour préparer sa nourriture !

« Trop gratter cuit »
les malheureux propriétaires se regimbèrent cette fois et trouvèrent que la plaisanterie allait trop loin, menacèrent de faire sortir tous ceux qui, dans la maison, n'étaient pas en billet de logement régulier. Devant les ennuis d'un pareil esclandre et comme on n'en avait plus que pour vingt-quatre heures, on s'arma de patience de part et d'autre, mais ce ne fut pas sans dragonnades. Quand le ministre eut disparu, le salon était dans un état lamentable : on y avait fumé la pipe dont les bourres erraient sur le tapis labouré de coups d'éperons; les plinthes et les murs agrémentés de crachats offraient l'aspect d'un corps de garde malpropre; on avait mis les pieds sur des fauteuils; répandu un encrier sur un tapis

de table à jeu : le premier état-major de France laissait la marque d'un campement de Tartares. A partir de ce jour-là, dès qu'un passage de troupes était annoncé, ces hôtes fermaient hermétiquement leur maison et partaient pour une contrée éloignée : premier résultat du traitement en pays conquis.

Dans une localité pourtant rarement foulée par les passages, un jour, à l'annonce de l'arrivée d'une troupe, toute la population partit dans les champs. La troupe, bien tenue, se logea d'office tant bien que mal. Quand les habitants revinrent, l'accord s'établit et ils apprirent aux passagers que quelques années avant ils avaient été saccagés littéralement par un détachement dont ils n'avaient pu obtenir justice.

LES MANŒUVRES

On s'expliquera plus facilement certaines invraisemblances commises pendant les manœuvres grandes ou petites quand en étudiant la carte on verra un château placé comme par hasard à proximité du lieu où se commet l'hérésie tactique ou stratégique. Les bons cantonnements sont généralement la base des étapes; et des pivots d'opérations excellents; on reste le plus longtemps possible dans le même bon gîte, trois jours si faire se peut, on régale ses hôtes d'une prise d'assaut ou d'une revue et on va plus loin. On voit ainsi dans la pièce intitulée : *Le Cœur et la Main*, un prince qui fait des grandes manœuvres sempiternellement tournantes autour d'un même couvent qui renferme une jardinière catapultueuse. Aux manœuvres, l'estomac prend presque toujours le pas sur l'amour, quoique celui-ci ne soit pas à dédaigner, lorsqu'on a déjà bon gîte et bonne cuisine. Malheureusement, les châtelains, enchantés de ce mouvement qui rompt agréablement la monotonie de la solitude, commencent au bout de quarante-huit heures à trouver que le moment du départ a sonné et j'en ai entendu quelques-uns exhorter les aides de camp à diriger leurs colonnes vers un autre point cardinal l'année suivante. L'un d'eux leur avoua même que l'hospitalité lui avait été onéreuse à tous égards : table ouverte, récoltes foulées, perdues, et que l'indemnité ne remplacerait qu'incomplètement. La cavalerie s'était imaginé de donner l'image d'une mêlée, dans une vigne pourtant marquée comme « à ne pas traverser » et l'artillerie l'avait achevée par une mise en batterie rapide jugée si belle qu'elle avait dû la recommencer.

Résultat : tout le pays prévenu répandit le bruit que les troupes saccageaient à plaisir et partout on plaça des bouchons de paille à la suite d'un ordre du général ordonnant de les respecter absolument.

Dès lors, on ne put plus manœuvrer en dehors des routes par la faute de deux gâte-métier. Les dégâts commis étaient payés deux fois, dont une par les militaires en étape que la population rançonnait en conséquence. On vendit jusqu'à un franc le litre d'eau dans un lieu où elle n'était pas abondante, mais où il en existait cependant.

LES DÉGATS

Suivant les pays que l'on traverse, le dommage peut être différent pour la même denrée. Dans les pays de montagnes, où l'on utilise pour la culture jusqu'aux bandes de terre entre deux rocs, ce qui est détruit est irremplaçable faute de transports pour le faire venir du pays qui en regorge.

Aussi les régions pauvres considèrent les grandes réunions de troupes comme une calamité; ce grief vient s'ajouter aux précédents et si la commission d'estimation des dégâts se montre trop rigoureuse, on peut être sûr que la population sera hostile au régime militaire. En ce cas la situation devient délicate, il faut empêcher les troupes d'exiger autre chose que ce qui leur est dû et le faire demander sur un ton poli.

LE FEU

Dans les campagnes, la terreur est de voir mettre le feu aux maisons lors des passages militaires. Non seulement il est étonnant que les villages ne flambent pas plus souvent, mais il est impossible de ne pas le risquer chaque fois qu'une troupe va partir.

Partant de bonne heure, elle n'y voit pas pour faire ses préparatifs; il y a bien des lanternes, mais en trop petit nombre, ceux qui en manquent allument des bougies et il suffit qu'elles rencontrent une brindille pour que

tout brûle comme cela s'est vu il n'y a pas
bien longtemps en Bretagne. Le moyen d'y
obvier ? Il n'y en a qu'un : c'est d'attendre le
jour. Lorsqu'il fait chaud, c'est une erreur de
croire que l'on fatigue moins à voyager au
lever du soleil; on perd au contraire le meilleur sommeil, celui de l'heure fraîche, au moment de l'aube, c'est là qu'on repose le mieux.
Le reste du temps il n'y a guère d'écart dans
la température, dès que le soleil est haut et il
n'est pas plus nécessaire de marcher à une
heure qu'à l'autre. Les vieux Africains sont
tous d'accord sur ce chapitre et il est fâcheux
qu'il ne soit plus de mode d'écouter leurs leçons. On casserait peut-être, avec un système
rationnel, un peu moins de réservistes, qu'en
suivant les petits systèmes que chaque chef
de colonne caché sous sa casquette, et Dieu
sait ce que coûte un réserviste à tous ceux qui
de près ou de loin ont trempé soit directement, soit indirectement à sa mise en bière !
C'est pour le coup que la haine du service militaire se montre au grand jour et nous
n'avons pas besoin, aujourd'hui, dans cette
dépression flagrante de l'esprit guerrier,
d'aliéner ce qui en subsiste encore,

De tout ce qui précède, il ressort que les griefs que l'on articule contre le service actif tiennent de l'inégalité de la loi, de la longueur du temps de service actif, de la mauvaise organisation et des rappels trop fréquents ou trop longs des réserves, des raideurs du personnel militaire, de la prépondérance qu'il essaie de prendre sur les autres corps d'état, de son immixtion chez des particuliers, des charges qu'il leur impose et des privations ou dangers qu'il leur fait subir ou courir.

Pour y remédier, il faut absolument modifier la loi et la rendre moins onéreuse. Mais cette loi, une fois modifiée, on n'aura plus de cadres inférieurs, il faut donc étudier la question de l'avancement pour avoir des cadres, il faut ensuite reconstituer rapidement et rationnellement les réserves en les encadrant d'une manière solide. Donc, celui qui touche à la loi militaire démolit les vis d'une serrure et c'est la serrure elle-même qu'il s'agit de remettre en place. Ceux qui ne l'ont pas compris ne se doutent pas du travail qui a été entrepris.

L'IMAGE DE L'ARMÉE FRANÇAISE

L'armée française en ce moment ne peut être comparée qu'aux bâtiments du ministère de la Guerre : 1° l'hôtel du Ministre, 2° les bâtiments-casernes des bureaux, 3° la façade du boulevard Saint-Germain avec sa tour, n'ont aucune ressemblance entre eux ; et c'est cela qu'il s'agit d'harmoniser en le ramenant au même style ! Il est douteux qu'on y parvienne, mais on peut toujours essayer.

L'HOTEL DE LA RUE SAINT-DOMINIQUE

1°. — Une partie de l'armée peut se comparer à l'hôtel du ministre : restée encore dans des idées rétrogrades, elle a cette élégance de l'hôtel de la rue Saint-Dominique. Mais hélas ! elle est comme lui en retard de cent cinquante ans. Que voulez-vous ? on est arrivé, on désire souffler, se reposer ; tout n'est-il pas pour le mieux dans le meilleur des mondes ? Et quand on ferait des réformes, des améliorations, sait-on où cela mène ? Restons-en donc où nous sommes, on expédiera les affaires, on donnera de bons postes aux gens bien recommandés et la terre continuera de tourner à raison de un jour par vingt-quatre heures.

Pour tenir ce joli raisonnement, il ne faut pas réfléchir que le mouvement est la loi de la nature entière et qu'étant donné cette loi, il faut toujours marcher dans la voie du progrès sous peine d'être distancés par des concurrents qui, eux, marchent rapidement.

De plus, dans tout progrès, c'est la tête qui doit mener parce qu'elle conduit où elle veut, par une succession de mesures prévues et réfléchies, évitant ainsi les réclamations des gens lésés qui viennent derrière, finissent par devenir impatients et finalement poussent aveuglément dans un sens qui n'est pas toujours le bon.

Prenez par exemple une foule s'écoulant par le pont Solférino et voulant gagner l'Opéra et supposez que ceux qui sont devant ne marchent pas, qu'arrivera-t-il? la queue poussera, mais elle poussera brutalement et si la grille des Tuileries est fermée, elle écrasera contre celle-ci les gens en tête qui, s'ils avaient dirigé le mouvement, auraient tourné par la Concorde ou le Louvre et seraient arrivés là où il était question d'aller.

Donc le repos n'est accordé à personne : de 1815 à 1870 il s'est écoulé cinquante-cinq ans au bout desquels nous avons reçu la pile qui nous était destinée. Voilà trente et un ans que nous travaillons (?) et comme résultat on nous parle d'une manière insolente et personne ne relève le procédé ! ! — « Nous ne sommes pas prêts. » — Alors, quand le serons-nous ? — Le moment n'est pas au sommeil. Certes il n'est pas question de dégainer à tout bout de champ, mais enfin nous avons droit à des égards tout comme les autres, et notre armée n'est pas faite que pour défiler à Longchamp le 14 juillet. « Si j'étais roi de France, disait le grand Frédéric, il ne se tirerait pas un coup de canon en Europe, sans ma permission. » Il est permis de douter qu'on saura encore le tirer dans quelque temps. Sous prétexte d'un service réduit à deux ans les troupes ne font même plus l'apprentissage des mouvements de porter et présenter l'arme ! Mais les volontaires d'un an l'apprenaient et ils ne faisaient qu'un an ! il faut vingt minutes, pas davantage.

Or, la forme entretient le prestige. Du reste, avec des changements incessants de Ministres de la guerre, nous finissons par refaire en sens inverse le trajet parcouru la veille. L'un supprime, l'autre rétablit. C'est le vice du système gouvernemental lui-même qui rejaillit sur notre armée.

Le Ministre de la Guerre n'est que le premier expéditionnaire de son département; comme militaire il ne doit pas faire de politique; comme hiérarchie, il doit être le plus ancien de son grade, selon toutes les règles de la subordination. En conséquence, nous devrions avoir le plus ancien général de division avec le titre de Sous-Secrétaire d'Etat à la Guerre. Faites-en autant pour la Marine et par-dessus tout cela mettez un Ministre de la Défense Nationale qui aura les deux sous ses ordres et qui sera civil, par conséquent pourra suivre les fluctuations de la politique et des progrès, en imposant sa volonté au besoin : en tous cas le Sous-Secrétaire d'Etat à la Guerre aura le temps de faire quelque chose d'utile.

LES BATIMENTS-CASERNES

2°. — Une autre partie de l'armée peut se comparer aux bâtiments-casernes dans lesquels sont renfermés les bureaux du Ministère : c'est le moyen état; ceux qui voient bien les améliorations à faire, les modifications à apporter au système, mais qui, sachant fort bien qu'une tentative de leur part serait mal venue parce qu'ils ne sont pas d'un grade assez supérieur, préfèrent rester dans l'ombre; ils ne sont pas en posture de donner des indications, alors ils mangent, boivent, dorment, marchent, se coiffent et pensent comme leur supérieur. Après tout la routine a du bon on fait le lendemain comme la veille. Lisez un ordre pour l'ouverture de la baignade dans la saison d'été, c'est le même qui est recopié tous les ans sans aucune addition, soustraction ou modification, même si la rivière est à sec.

LA FAÇADE ET LA TOUR DU BOULEVARD SAINT-GERMAIN

3°. — Enfin, la partie des bâtiments en façade sur le boulevard Saint-Germain vous représente la belle jeunesse, celle qui vit, qui remue, elle, pour tous ceux qui ne bougent pas. Elle n'est pas atrophiée, ni sceptique, et c'est celle-là qu'il faut pousser, épauler, car c'est d'elle qu'il faut attendre le salut.

« Messieurs, disait un général, quand « parmi vos subordonnés, vous trouverez un « jeune homme actif, gardez-vous bien de « tuer en lui l'initiative; montrez-lui, s'il se « trompe, en quoi il s'est trompé, mais il ne « faut pas le réprimer, s'il n'a pas commis « d'indiscipline, vous briseriez son essor. » Pour un chef intelligent et pourtant réputé sévère, combien d'autres n'admettent pas ce raisonnement et compriment tout ce qui ne semble pas annihiler sa volonté ou sa réflexion !

Lorsqu'une question est à l'ordre du jour, il y a trois procédés : 1° un grand chef la travaille et la traite lui-même; 2° il en charge un officier de son état-major; 3° il demande un rapport sur le sujet aux corps de troupes sous ses ordres. Dans les troupes il y a toujours des officiers qui peuvent parler par expérience. Il s'ensuit que le premier cas nous donne la manière de voir d'un seul; le second la manière de voir de l'un, le style d'un autre avec parfois des changements personnels; tandis que le troisième donne l'avis général; mais celui-là, il est rare de l'obtenir, car les roublards se gardent bien de rien dire qui soit trop osé de crainte des conséquences. Il n'y a que la jeunesse qui exprime franchement son opinion; très souvent elle a raison, elle est dans le vrai, mais pour ses vues subversives, elle est immédiatement rabrouée, sabrée, démolie, au lieu d'être félicitée pour son travail; après trois ou quatre expériences du même genre le dégoût la prend et au lieu de travailler, elle regarde voler les mouches : c'est moins fatigant et on ne récolte pas de camouflets. Voilà une initiative fortement compromise sinon éteinte.

ENCOURAGEMENTS NÉGATIFS

Mais quel n'est pas l'étonnement de relire ce même rapport six mois plus tard, dans une revue, signée du même grand chef qui l'a pris pour canevas, après vous l'avoir reproché et a utilisé ses loisirs en brodant le style. Pas un remerciement, pas une félicitation, rien ! on démarque votre linge, voilà tout et le lecteur s'écrie : « Ah ! le général X... ! quel homme, quel génie, quelle intelligence ! » On pourrait ajouter : « Quel dentiste ! »

L'inventeur en est pour sa déconvenue. Dans un autre ordre d'idées, prenez un militaire de n'importe quel grade, connaissant et aimant son métier : voilà un garçon qui connaît bien ses règlements, qui n'a besoin d'être ni poussé, ni dirigé, il marche seul et ne demande pas de conseils. On ne lui donnera pas une parole d'encouragement, pas un compliment, et s'il arrive le moindre accroc, tout le monde lui tombera dessus.

L'ESPRIT RÉTROGRADE

Voilà de singuliers procédés pour encourager les bonnes volontés et si l'initiative fait défaut, il n'y a pas de progrès possibles. Ceux-ci proviennent de remarques particulières que chacun a pu faire ; si elles ne sont point communiquées, il faut que d'autres les trouvent ; on pourrait attendre longtemps, et d'un autre côté ceux qui désapprouvent la proposition pourraient en constater l'effet avant de la déclarer inexécutable ou subversive.

Subversif ! Voilà le grand mot.

Mais est-ce que toute nouveauté n'est pas subversive en matière de commerce ou d'industrie? Les inventions, les perfectionnements sont subversifs au premier chef et cependant c'est à qui les adoptera le premier. Le roulage a supplanté les canaux, les chemins de fer ont tué le roulage et tant que le monde sera monde la nouvelle invention abolira la précédente.

On en est arrivé à des idées bizarres à ce sujet. L'art de l'ingénieur est indispensable quand il s'agit de doter l'armée d'un matériel quelconque d'armes à feu et il faut reconnaître que les officiers français travaillent avec ténacité au perfectionnement des fusils et des canons.

Du système rayé se chargeant par la bouche, nous sommes passés en pleine guerre au système Reffye, puis quatre ans après aux de Bange et enfin tout récemment au nouveau matériel. Une classification qui avait cours couramment dans les feuilles publiques représentaient les artilleurs comme étant d'opinions avancées parce qu'ils cherchaient sans cesse un mieux. C'est bien cela, ce dont des subversifs au sens ci-dessus.

Au bout du compte chacun sert son pays comme il peut, l'un par sa science, l'autre par son expérience, un troisème par ses idées. Hé mon Dieu ! il y a tant de gens qui n'en ont pas ! il ne faudrait pas trop mépriser ce léger appoint; malheureusement on semble avoir l'idée en horreur, c'est cependant ce qui rend inventif.

La crainte d'une brochure ou d'un article de journal en est arrivée à de la veulerie. Tout le monde étant aujourd'hui soldat s'intéresse à ce qui se passe dans ce milieu et quelques-uns en retracent des scènes, soit pour mettre au courant ceux qui l'ignorent, soit pour si-gnaler des faits à réprimer ou des plaies à guérir. Que n'a-t-on pas dit quand parut une peinture non flattée des mœurs d'une caserne d'infanterie et celle nullement atténuée d'un quartier de cavalerie ? On n'eut pas assez d'anathèmes contre les auteurs, on essaya de les bâillonner, on intenta des procès; à quoi aboutit-on, à faire constater qu'ils n'avaient dit que la vérité. Si les intenteurs de procédure étaient passés par les bas grades, dont les fonctions sont toujours utiles à connaître, ils n'eussent pas commis ce pas de clerc; on eût gardé de Conrart le silence prudent et l'averse aurait passé. Au lieu de cela on appela l'attention sur les livres incriminés, on fit la fortune de ceux qui les avaient écrits (car ils sont aujourd'hui de l'Académie de Goncourt qui donnera un jour ou l'autre du fil à retordre à la vieille) et ceux qui avaient remporté leur veste furent réputés pour des maladroits qui ne savaient pas ce qui se passe chez eux.

Cette aversion qui, à distance, pourrait sembler une crainte a causé une démarche bien intempestive et qui a fait du tort à toute une catégorie d'innocents.

LE REFUS DE LA DISCUSSION

On ne sait qui a eu la fâcheuse idée de traiter d'intellectuels ceux qui se permettaient des critiques sur l'armée active. Ce qualificatif n'a jamais été pris en mauvaise part : qualités intellectuelles ne signifie pas idiotes.

Cette mâchoire qui eût pu accompagner

Samson contre les Philistins prit soin d'ajouter « intellectuel ne veut pas dire intelligent... » Cela ne veut pas dire stupide non
plus! Alors, l'opposé, qui est inintellectuel est
applicable à qui prend l'intellectuel pour son
ennemi. Et paf ! voilà tout le camp incritiqua-
ble devenu inintellectuel, ce qui ne veut pas
dire intelligent non plus. Vraiment on ne fait
pas tourner en ridicule de braves gens de
gaîté de cœur.

Les impairs de ce calibre causent un tort
énorme à l'active et ne sont comparables
qu'au pavé de l'ours.

Etudiez l'histoire de France et vous y verrez d'un bout à l'autre la lutte obstinée des
gens qui paient les dîmes, taxes, patentes et
autres genres d'impôt, pour arriver au contrôle des dépenses faites avec leur argent. On
ne saurait reprocher en définitive cette prétention à ceux qui l'émettent et quand on voit
un ancien ministre venir conter l'histoire des
affûts de canons convertis en kiosque pour le
Gouverneur (!) on ne peut que trouver juste de
chercher à prévenir le retour de semblables
dilapidations.

L'armée active vous dit : « Je n'entends

pas être contrôlée » mais sur cinq cent mille actifs il y en a vingt mille à peine qui paient un impôt; sur les vingt mille il y en a cinq mille qui paient entre 100 et 1.000 francs et plus; qu'est-ce que cette proportion en regard de trente-huit millions de contribuables ?

La royauté a été obligée d'accéder à ce désir qui était devenu une volonté et la royauté était le couronnement de l'édifice, elle était en haut, on ne la voyait que de loin, dans tout l'éclat de sa splendeur, comme dans une apothéose; du jour où l'on put l'approcher, le prestige diminua pour disparaître quand on l'eut vue de trop près. « Il n'y a pas de grand homme pour son valet de chambre » dit un proverbe, et il est bien vrai, tellement vrai que le fait même s'est produit pour notre armée.

Pour cela, il faut remonter à l'origine du régime militaire actuel.

En 1871, quand l'armée professionnelle eut sombré dans deux capitulations qui nous laissèrent désarmés, ce furent les dépôts, les gardes mobiles et nationaux qui continuèrent la lutte pour le bon renom de la nation. Lorsqu'éclata l'insurrection de Paris contre Versailles, la première se figura que sa garde nationale pourrait lutter avantageusement malgré son incohésion. De fait, il n'y avait pas trop lieu de douter, puisqu'elle avait le nombre pour elle contre des troupes qui n'étaient guère plus solides et beaucoup moindres numériquement dans les premiers jours.

Lorsque les captifs d'Allemagne rentrèrent, la thèse changea et il se produisit ce qui se passe dans une lutte entre un professionnel et un amateur : le professionnel finit toujours par avoir le dessus dans un art où il excelle.

Mais ici la question se compliquait d'une autre. La Commune mue par des aspirations politiques et sociales se mêlait d'avoir des opinions militaires. Son principe était basé sur des milices territoriales et sur leur confédération ; dès lors, en cas de victoire de l'insurrection, que devenaient les militaires de métier rentrés des prisons de l'ennemi, incapables de trouver un gagne-pain non seulement de suite, mais probablement plus tard ?

L'acharnement fut donc poussé au paroxysme car c'était la lutte pour l'existence et quand aux fusillades stupides de la Roquette et de la rue Haxo, on eut riposté par les mitraillades ineptes du Père-Lachaise, on profita de ce qu'il fallait refaire un édifice militaire pour tenter d'asservir toutes les autres professions à celle des armes. C'était la muselière mise à l'élément civil qu'on espérait tenir en laisse à tout jamais. On alla jusqu'à faire accepter ou refuser des *Opérettes* par le Gouverneur de Paris... Hé bien ! aujourd'hui c'est de cela qu'on ne veut plus; la compression a été trop dure, on s'y est soumis tant qu'on a espéré que ce serait utile à quelque chose; dès qu'on voit que cela dure trop longtemps pour ne servir à rien, on regimbe.

Le caporalisme poussé jusque dans la vie civile n'est plus admis par personne. Le régime militaire a eu la main trop lourde et a dégoûté tout le monde.

C'était pourtant le cas de mettre la main de fer dans le gant de velours !

Tout le monde est donc passé par le service militaire, tout le monde l'a vu de près, l'a soumis au crible et la tiédeur provient justement de ce que beaucoup d'améliorations palpables, sont, ou bien refusées systématiquement, ou la cause d'aigreurs inexplicables pour ceux qui les réclament ou les signalent.

Certes, il n'y a pas lieu de se plaindre; on a beaucoup fait depuis peu de temps; on a senti que nous sommes à l'heure grave où il faut mettre les étais à ce qui est bon dans la bâtisse et reconstruire le reste. La « rudis indigestaque moles » s'est remuée, la mode commence à venir aux penseurs, mais de combien a-t-on cassé les reins avant d'accepter les avis des chercheurs de solution ?

LES FROTTEMENTS

Dans votre active même les choses ne vont pas sans un frottement formidable; le manque de cohésion est l'état normal, résultat d'une période de paix par trop prolongée pendant laquelle on ne se figure pas qu'un jour ou l'autre on pourra avoir besoin de son voisin, non seulement sur le champ de bataille mais dans le courant même de la vie usuelle.

Certaines écoles se prétendent supérieures à d'autres et forment des sociétés d'admiration mutuelle; certaines armes toisent leurs voisines; il y en a qui s'intitulent armes spé-

ciales, comme si chacune n'avait pas sa spé-
cialité !

Une arme qui participe de l'infanterie, de la
cavalerie et du train des équipages pourrait
à meilleur droit se qualifier de *générale*.

Les corps combattants, ainsi nommés
parce qu'ils ne combattent pas, daubent les
services administratifs; tout cela conspue en
bloc l'Etat-Major. On tourne en ridicule la
Gendarmerie et cependant les derniers con-
forts de propreté se trouvent dans les quartiers neufs de la garde républicaine.

A quoi rime tout ce dénigrement de mauvais goût? et qu'en peut penser le public?

Dans toutes ces catégories, certains emplois considérés comme infimes ne sont con-
fiés qu'au personnel qu'on apprécie le moins,
qu'elle qu'en soit la cause; un jour viendra,
qui n'est pas loin, où les riches mépriseront
les pauvres, les favorisés de la naissance se
targueront envers les déshérités, et de mépris
en dédain, d'insolence en haine, vous récol-
terez la guerre intestine qui menace toujours
d'éclater en France, quand les Français ne
déversent pas le trop-plein de leurs nerfs sur
un ennemi quelconque.

Est-ce à dire pour cela qu'il faille décréter la guerre pour calmer les tensions extrêmes ? A Dieu ne plaise ! mais on peut trouver des dérivatifs, qui pour être individuels n'en sont pas moins efficaces.

LES BREAKS

Nous n'avons pas parlé d'une autre question qui a soulevé et soulève encore bien des tempêtes, c'est-à-dire, des breaks militaires. On a commencé par crier contre cette institution qui est pourtant indispensable pour certains services : l'artillerie, les remontes entre autres et les doléances se sont faites d'autant plus âpres qu'elles se sont compliquées de quelques maladresses commises par les conducteurs et parfois, il faut le dire, quelques outrecuidances des personnages conduits. Les loueurs de voitures (ils sont les premiers lésés) font observer que l'augmentation des soldes a été accordée pour permettre aux officiers de mener un train en rapport avec leur grade, et que le fait de se faire véhiculer au rabais cause un préjudice à une catégorie de personnes qui ont une source de revenus de

moins et dont les impôts vont, toujours augmentant, alimenter le budget qui sert à payer
les appointements. Le populaire, d'un autre
côté, témoigne d'une véritable antipathie
pour se faire écraser par l'un de ces véhicules
peu faits pourtant pour susciter les jalousies.

Il faut se faire une raison cependant à ce
sujet. L'équitation qui se rapproche le plus de
celle usitée à la guerre est la chasse à courre;
elle est à juste titre très encouragée dans l'armée et on cherche à en inculquer le goût à tout
officier monté. Or, la chasse a généralement
lieu loin de la ville, il faut y faire conduire
le cheval la veille, s'y rendre le matin en voiture et en revenir de même : si l'on calcule le
prix demandé par un loueur pour une jour-
née, le logement et la nourriture de l'homme
qui conduit le cheval, le déjeuner, si modeste
soit-il, du chasseur, on arrivera à un total
tel qu'aucune augmentation de solde ne permettrait à un officier sans fortune d'aller chasser même une fois par mois; et encore faut-il
qu'on ne lui offre pas le pied de la bête, ce
qui nécessiterait de sa part une pièce au pi-
queur.

Il est donc indispensable d'avoir des breaks

dans une garnison aux environs de laquelle il y a des chasses; mais ils n'ont qu'une utilité discutable pour faire des courses en ville; ceci est facile à admettre.

L'AUGMENTATION DES SOLDES

D'ailleurs, puisque nous sommes sur le chapitre des soldes, liquidons la question : l'augmentation d'une solde ne donne guère de bénéfices à celui qui en est l'objet, témoin ces remarques humoristiques d'un officier qui disait : « J'aime bien mieux qu'on ne me donne rien de plus, car pour cent sous que je récolte, je perds quatre fois autant. En effet, mon loyer augmente de cinq francs, ma pension de 5 francs, mes fournisseurs de 5 francs chacun et pour 5 francs que je gagne j'en perds immédiatement 20. En vertu de l'adage que : ce qui vient de la flûte retourne au tambour, chaque fournisseur se figure que la prime lui revient et ses prix augmentent en conséquence. »

LA MORGUE

Le cant britannique attire bien des inimitiés

au personnel qui le pratique parce que, la plupart du temps, cette catégorie n'a jamais mis les pieds en Angleterre ou n'a vu que les fils d'Albion qui viennent pendant les vacances aux représentations de l'Opéra en veston et casquettes de palefreniers. Cette sélection n'étant pas le dessus du panier du Royaume-Uni commet certaines mufleries que de jeunes Français imitent pour les avoir vu faire en se disant : « c'est très anglais ! » Mon Dieu ! s'ils connaissaient des insulaires de leur monde, ils s'apercevraient bien vite qu'ils font fausse route en prenant les caravanes Cook pour le dernier cri de la gentry.

Bousculer un monsieur, écraser les pieds d'une dame sans lui demander pardon, ne pas se déranger quand quelqu'un vous le demande poliment, ne pas passer un plat à son voisin, ne pas répondre à quelqu'un qui vous demande son chemin, sont des incongruïtés à la portée des gens mal élevés de tous les pays et un homme d'esprit avait divisé les habitants de la terre en deux catégories : les gens propres et les Jean fesse.

D'abord un jeune homme doit toujours être modeste et je sais bien que le cas est très

rare de rencontrer le type dont il est question,
mais enfin, depuis quelque temps, c'est un
genre qui semble prendre et au grand détriment de l'uniforme. C'est la quintessence de
passages successifs dans des établissements
civils ou militaires où cette manière de procé-
der est admise; elle est l'indice de mœurs
frustes que des teintures de civilisation n'ont
jamais pu masquer.

Il ne faut pas s'y tromper : cette morgue est
loin de dénoter une haute origine ou une
grande situation, bien au contraire, car le
vrai grand seigneur est toujours abordable;
il a conscience de ce qu'il doit aux personnes
placées au-dessous de lui et il se doit à lui-
même d'être condéscendant envers les autres;
pariez, quand vous rencontrerez un de ces
phénomènes que vous avez affaire à quelque
fond de terroir, subitement grisé par la fréquentation d'un milieu inespéré pour lui, et
si vous lisez sur sa carte, un nom ayant quelque parenté avec ceux que Cyrano donne à
ses cadets, dites-vous que vous avez gagné.

Pendant la fameuse Affaire, un ingénieur
se rendait d'une capitale de province à Paris,
pour se présenter au Ministre des Travaux

Publics qui l'avait mandé : comptant avoir
audience immédiate puisqu'il était attendu, il
avait posé son chapeau haut de forme dans
son compartiment, sur sa place. A une des
dernières stations avant Paris, montent de
jeunes militaires qui s'installent et l'un d'eux,
considérant le fauteuil à son gré, prend le
chapeau et le lance dans le filet où son poil se
hérisse et sa forme s'accordéonne. Le propriétaire intervient alors et dit au jeune
homme : « Comment, monsieur ! c'est au moment où nous vous soutenons dans la campagne qui se mène contre vous que vous em-
ployez de semblables procédés ? si beaucoup
de vos camarades en faisaient autant, je vous
assure que la sympathie vous abandonnerait
vite. »

> Le jeune homme, honteux et confus,
> Jura, mais un peu tard, qu'on ne l'y prendrait plus.

C'est l'exception, c'est évident, mais il suffit que le fait se passe devant un adversaire
des institutions militaires pour qu'il s'ensuive
une polémique acharnée dont le résultat rejaillit sur des innocents.

LA FAUSSE NOBLESSE

La masse montre une certaine animosité contre les militaires porteurs de particules et en cela, elle ne se rend pas bien compte de la réalité.

Les puissants barons qui se partagèrent la Gaule conquise, établirent leurs forteresses sur les sommets et furent les sires de Puy..., de Mont..., de la Roche..., de Château..., de Castel..., de la Tour..., où s'ils étaient possesseurs de grands fiefs prirent le nom de leurs provinces ou de leurs capitales, comtes de Champagne, ducs de Bourgogne, etc... ou comtes de Toulouse, de Foix, etc...

Plus tard, les noms des fiefs cessèrent de flamboyer, on se rabattit sur des appellations moins sonores; du reste, la noblesse s'achetait et le roi battait monnaie avec les parchemins quand les parlements où les révoltés refusaient les subsides. Ce fut la floraison des Manoir..., Bois..., Pré..., Rivière..., Moutier... et autres dénominations agrestes, toutes les Mothe y passèrent, depuis les plus grosses, jusqu'aux plus petites, jusqu'aux cap-

sules ! ! !... A la fin du siècle dernier, nouvelle dépression : on n'achetait plus de titres,
on prenait le nom de sa terre si petite fût-elle
et cela vous aidait à faire figure : alors on vit
éclore les Maison... de toutes couleurs et de
toutes dimensions; deux frères Perrichon, je
suppose, habitaient l'un Bercy et l'autre la
Râpée; le premier était M. Perrichon de
Bercy, le second, M. Perrichon de la Râpée,
mais pour aller plus vite, on les appelait M. de
Bercy et M. de la Râpée. Ce n'étaient au fond
que des bourgeois et la particule ne leur
octroyait aucune prérogative de plus; leur
considération ne dépassait pas le poids de
leurs écus. Aujourd'hui les lois nobiliaires
étant tombées en désuétude, selon ce que
chaque propriété renferme de particulier, on
s'appelle du Moulin..., de la Fuie..., de la
Grille..., nous verrons bientôt une famille de
la Ferme et pour peu qu'elle s'allie aux Ta-
gueul, la branche des de la Ferme-Tagueul
pourra devenir illustre. Mais pour obtenir ce
résultat, il est indispensable d'être rural.
Vous ne voyez pas bien, en effet, un habitant
de Paris se nommant Huntell des Champs-
Elysées ou du Parc Monceau, de l'Avenue du

Bois de Boulogne, voire même de la rue du faubourg Saint-Honoré ou de la rue du Bac. Les plus heureux sont ceux qui se nomment Leduc ou Lecomte : pour peu qu'on soit d'Orléans (Leduc d'Orléans) ou de Paris (Lecomte de Paris), vous voilà de la famille royale.

Deux frères Peau ayant habité l'un à Gand et l'autre à Stockolm, se faisaient appeler, l'un Peau de Gand et l'autre Peau de Suède.

Enfin, il n'est pas jusqu'à la famille Letrou dont les deux branches ne se fassent appeler l'une : Letrou de Bâle et l'autre : Letrou de Montcey.

Songez que la coutume démocratique égalitaire a envahi jusqu'à l'Armorial authentique, qui est pourtant essentiellement hiérarchique. Ainsi le père et le fils portent le même titre, tous les frères cadets prennent le titre du frère aîné en le faisant précéder de leur prénom; si bien qu'un jour un sceptique qui venait de recevoir un faire-part comportant une vingtaine de vicomtes portant tous le même nom, rencontre le fils de l'un d'eux remorqué en voiturette par sa nourrice : il va vers l'enfant, l'embrasse et lui demande : « Et toi, mon mignon, es-tu aussi vicomte ? »

On prend le titre qu'on veut et cela se fait
très facilement surtout lors d'un changement
de garnison; comme personne ne vous connaît, on se prête à votre fantaisie avec d'autant plus d'indulgence que la plupart des camarades sont logés à la même enseigne et
sont enchantés de voir leur nombre s'augmenter. Comme on ne vous connaît dans la
ville que sous le nom que vous avez arboré,
au premier besoin d'une pièce ou certificat
quelconque vous vous adressez à un fonctionnaire de la mairie qui vous les délivre au nom
que vous lui indiquez; quand vous avez le
reçu du percepteur pour l'impôt sur vos
chiens, la consécration est terminée et personne ne doutera de l'antiquité de votre li-
gnée, inscrite sur un registre à souche.

Le fourrier, pour faire montre de ses belles
relations, ne vous donnera que de la particule, ainsi que les garçons et les maîtres
d'hôtels et de cafés; ah! vous pouvez marcher carrément, ne vous gênez pas! Et malheureusement on ne sait pas se servir de ce
qu'on a sous la main : les ducs sont trop peu
nombreux pour qu'on s'y risque, la superche-
rie serait trop vite découverte, mais dès qu'il

y a un prince dans la famille, tout le monde l'est; les marquis, les comtes et les vicomtes fourmillent, les barons sont presque oubliés, mais pourquoi diable n'a-t-on pas l'idée de porter ceux de vidame et de chevalier? Cela vous a un petit air jeune et pimpant tout à fait réjouissant et qui, j'en suis sûr, ferait un succès à qui l'arborerait. D'ailleurs, les vrais malins montent d'un titre par déplacement, ce qui permet d'arriver assez vite au sommet.

Après tout, qu'est-ce qu'on reproche à toute cette catégorie? d'avoir pris un nom ronflant? Vous n'avez qu'à en faire autant puisque personne ne vous en empêche et puis dans leur sphère ils ne seraient pas considérés sans cela même par les authentiques. Dans cet ordre d'idées, ce qu'il y a de plus bizarre, c'est que celui qui porte le nom de son père, finit par être considéré comme un rasta : c'est le monde renversé et il est assez courant d'entendre poser cette question « Pourquoi ne prenez-vous pas le nom de votre propriété? »

Dans un régiment, se trouvaient en tête trois marquis ayant plus ou moins droit à ce titre. Dans un dîner, l'un d'eux se penche vers son voisin de droite portant un nom peu

sonore, mais d'une famille titrée au Premier
« Empire : « Voyez-vous, il y a les gens nés
et les gens pas nés...

« — Vous prononcez mal, riposte l'autre,
« il y a les gênés, les panés, les traînés, les
« trépanés...

« — Je ne dis pas cela pour vous.

« — Je l'espère bien. »

On a vu jusqu'à des marquis de noblesse
impériale, laquelle, comme on sait, n'en comporte pas.

La chanson dit bien : « Peut donc pas
s'appeler comme tout le monde ! » Mais si
tout le monde s'appelait du même nom, on
finirait par ne plus s'y reconnaître. Le travers n'est pas neuf; Molière n'a-t-il pas dit :

> Je sais un paysan qui s'appelait Jean Pierre,
> Qui n'ayant pour tout bien qu'un gros lopin de terre,
> Fit creuser à l'entour un grand fossé bourbeux,
> Et de Monsieur de l'Isle en prit le nom pompeux.

Et ce même Molière ne se nommait-il pas
Poquelin de son vrai nom, auquel il ajouta
« de Molière » plus tard. Ceci n'est pas ré-
cent, puisque le fait est de 1653, mais ce qui
serait plus nouveau, c'est d'appliquer la de-

vise : « Payez et vous serez considérés », en imposant une taxe proportionnelle au titre porté indûment.

Soyez sûrs alors, braves roturiers, que la rentrée dans les caisses de l'Etat, causerait bien des mécomptes, grâce à la disparition subite des armoiries (?) discutables.

Quelle éclipse totale des duchés de Panada, des marquisats de Casteldémoli, des comtés de Saint-Frusquin, des vicomtés de Fourachaux, des baronies de Tordboyaux, des châtellenies de la Croix-Vinaigre et autres apanages, pour revenir aux noms patronymiques moins sonores, mais exempts d'impôts !

Le procédé est déjà vieux : Louis XIV, après la cession de la Flandre, opéra de cette façon et fut même plus vexatoire, car il fit payer une seconde fois leurs lettres de noblesse aux vrais nobles passés sous son sceptre.

Que voulez-vous ? il fallait trouver les frais de la guerre qui sont toujours chers et, à une époque de déficit, ce serait un moyen de contenter de petites glorioles, de faire gagner leur vie à quelques chartriers et de remplir quelques caisses par trop creuses.

LA VÉRITABLE ARISTOCRATIE

Aussi donc, quand vous vous heurterez à des épateurs, dites-vous bien que ce n'est point là la véritable aristocratie; il y a toujours dans toute catégorie un certain nombre de personnes prêtes à briller, qui croient que tout leur est dû, qui sont de toutes les fêtes, mais n'en donnent jamais et chez qui le médecin ne trouve pas une serviette en bon état pour faire un pansement en cas de maladie ou d'accident; ceux-là vous pouvez les laisser de côté, c'est du toc et tout ce qui luit n'est pas or. Mais quand vous verrez le militaire riche faire un noble usage de sa fortune, venir en aide à ses camarades, à ses sous-ordres et leur faire partager les quelques faveurs dont il a la jouissance; quand vous rencontrerez un jeune ménage, toujours le sac de voyage à la main, se déplaçant pour suivre les nécessités de la carrière, quoi qu'il lui en coûte, vivant modestement et dignement et suivant, sans récriminer, la voie tracée par leur destin; alors saluez, messieurs, chapeau bas, bien bas, vous avez devant vous ce qui fait l'orgueil de la France et c'est la classe la plus nombreuse.

L'honneur de ceux-ci est de supporter noblement cette misère dorée qu'est l'épaulette, lorsqu'il ne s'y joint pas un peu de fortune personnelle et de marcher allègrement dans la vie pour la gloire de son pays avec la satisfaction du service rendu et du devoir accompli.

FONCTIONNAIRES

La morgue dont nous parlions tout à l'heure aliène aux actifs la généralité des fonctionnaires. Allez en effet dire à un militaire qu'il est un fonctionnaire ! il se défendra comme un beau diable et vous vous en ferez un ennemi. Cependant, si vous admettez que tout salarié de l'Etat est un fonctionnaire, il est impossible de ne point convenir que le militaire est un salarié au premier chef.

On conçoit dès lors l'antagonisme entre ces deux éléments dont aucun ne veut reconnaître la suprématie de l'autre et les vexations réciproques auxquelles cet état d'esprit donne lieu.

Les militaires ne vont pas faire de visite à

la préfecture, on ignore les conseillers; en revanche, on omet d'inviter les militaires aux
réceptions qui s'y donnent, si bien qu'un jour,
l'un d'eux causant avec un des fonctionnaires
du lieu en faisait la remarque : « Oh ! dit ce
dernier, vous allez dans un monde qui nous
dénigre systématiquement et si on vous invitait vous ne viendriez pas chez nous. »

« Qu'en savez-vous ? repartit le fils de Mars,
je vais où l'on me reçoit; invitez-moi d'abord
et si je ne me rends point à votre invitation,
alors vous aurez raison de ne plus me faire
d'avances. »

Qui sait si, comme nous l'avons dit plus
haut, il n'y a pas eu souvent un point de départ antérieur provenant du côté militaire et
dont pâtissent des tiers qui n'y sont pour
rien ?

Un régiment très bien reçu dans une ville
exprime le désir de rendre les amabilités dont
il est l'objet en offrant un rallye-paper suivi
d'un lunch à la société. Pour plus de simplicité, la cantinière devait être chargée du
lunch et du matériel.

Le colonel répond à ses officiers : « Oui,
évidemment, vous êtes dans le vrai : mais en

ce cas, il faudrait inviter le préfet et les fonctionnaires et on ne peut faire cela. »

Notez que le préfet et son entourage étaient
des gens fort bien et que dans une agglomération aussi nombreuse les fréquentations sont
essentiellement facultatives.

Du coup la réunion tomba dans l'eau et le
régiment avec.

LE COLLECTIVISME ADMINISTRATIF

Chose curieuse, maintenant les statisticiens
s'en mêlent et il s'en trouve pour démontrer
que le collectivisme se développe par suite du
passage au service actif.

Le raisonnement est assez spécieux pour
être relaté et le voici :

Le mode d'administration de l'armée excellent au point de vue de la simplification, se
base sur ce que chaque objet appartient à tous
et cependant n'est à personne; il n'est affecté
que temporairement, et si, par exemple, un
soldat entretient mal son habit, son capitaine
peut le lui retirer pour le donner à un autre
plus soigneux. L'habitude d'avoir son repas
prêt à heure fixe, son pain frais tous les jours,

son linge blanchi toutes les semaines, ses draps propres tous les 15 ou 20 jours, etc., font que l'homme, une fois libéré du service, maintient les mêmes exigences, mais sans accepter aucune autorité. Or, qui fait marcher tous ces rouages, sinon le chef qui fait distribuer le tout aux jours et heures prescrits ?

De deux choses l'une : si l'on est collectiviste, il faut être pour l'autocratie, et si l'on réprouve celle-ci il faut répudier le socialisme.

Comment des gens qui se plaignent du régime de la caserne, qui réclament « la claaasse » peuvent-ils être assez bonasses pour transporter ce régime dans la vie civile ?

Car, il n'y a pas à se le dissimuler, c'est l'enrégimentation de la vie étendue à toutes les carrières.

Quand au début on demandait de créer des écoles de logique, ceci ne suffirait-il pas à en démontrer la nécessité ?

LE SYSTÈME D'AVANCEMENT

Pour clore cette trop longue liste de griefs qu'il a bien fallu énumérer pour nous rendre compte de l'état d'esprit général de la nation, il y a un motif de mécontentement dans l'armée active même : c'est le mode d'avancement qui lèse beaucoup trop de bons serviteurs, et des procédés hautains ou malveillants qui ne proviennent nullement des hautes sphères, mais des chefs intermédiaires, qui, soit pour jouer au potentat, soit pour vexer un subordonné dont la mine, les manières, les attaches ou les opinions ne leur plaisent pas, n'hésitent pas à commettre une injustice en refusant une faveur qui leur est demandée par un pauvre diable qui ne peut faire autrement et qui ne leur coûterait rien à accorder. Les personnes qui ne sont pas du métier s'en prennent au personnel militaire en général, elles se trompent. Car un malhonnête homme n'est qu'une exception dans ce milieu et il suffit de questionner les professionnels pour se rendre compte que l'on cherche autant que possible au Ministère et dans les directions, à satisfaire les préférences de chacun, comme emplois, résidences, corps ou services.

Il ne faudrait peut-être pas chercher bien loin les causes de la haine contre certains ministres assez indépendants pour réprimer certaines malveillances quel que soit celui qui les a commises. De là ces clameurs violentes de la part de quelques intangibles qui ont l'argent et les relations nécessaires pour faire insérer leurs articles dans certains journaux, mais ce nombre est le plus petit et si l'on consultait ceux qui ne disent rien, ce plébiscite vous démontrerait que la grosse majorité approuve pas mal de réformes et en attend encore d'autres. Seulement les gens qui crient, crient comme quatre et font un tel vacarme que leur nombre paraît immense.

Evidemment de tout temps, les personnages auxquels on retire le gâteau qu'ils sont en train de manger se sont montrés mécontents, mais, interrogez ceux auxquels on en a donné ensuite une tranche et ils vous diront qu'ils n'en sont pas fâchés. Hé bien ! c'est le cas présent et puisque la mode est au « cake walk » il est bien juste que tout le monde la suive. Quelque ridicule que soit une mode, disait quelqu'un, il y a une chose plus ridicule encore, c'est de ne pas la suivre.

En tous cas les reproches faits à l'armée active ne sont motivés que par les fautes d'une très faible minorité ; le personnel est en général très bon, le matériel est le dernier perfectionnement connu; on a remanié successivement les lois, les règlements et malgré cela nous n'avons pu arriver à une homogénéité à laquelle se montrent hostiles quelques admirateurs du passé ou un petit nombre de gens que le mot de Réforme effraie. Employons le terme « Evolution » et disons-nous bien que si nous touchons à la loi du service militaire, il faut en profiter pour harmoniser le tout et n'avoir plus à y revenir. La chose sera d'autant plus facile que l'une ne va guère sans les autres.

A quoi tendent toutes les demandes, au demeurant ? à peu de chose, car on peut les résumer ainsi :

1° *Réduire le temps de service au minimum nécessaire pour l'instruction des particuliers qui n'embrassent pas la carrière militaire;*

2° *Ne retenir les gens instruits que le temps nécessaire à l'instruction de la classe suivante;*

3° *Abolir le caporalisme dans la vie civile; c'est-à-dire n'appliquer la loi militaire qu'aux hommes présents sous les drapeaux et ne faire relever un homme dans ses foyers que des tribunaux civils;*

4° Abrogation de certains articles de loi militaire incompatibles avec le paragraphe ci-dessus;

5° Respect des personnes et des propriétés en tout temps et en tout lieu;

6° Réduction des dépenses par l'utilisation des cadres de la réserve;

7° Avancement plus équitable pour tous les professionnels et les auxiliaires de la réserve.

CHAPITRE II

LE SERVICE DE DEUX ANS

Au moment où nous allons réduire le temps de service dans l'active, il faut d'abord faire un court historique des conditions dans lesquelles ce service s'est effectué dans les principales civilisations qui nous ont précédé.

LÉVÉES EN MASSE

La forme du gouvernement n'est nullement en cause comme on pourrait le croire : Car la constitution primitive des peuples à l'état rudimentaire était républicaine, tout s'y décidait au suffrage universel; la tribu nommait son chef qui avait des pouvoirs bien plus restreints que ne les possède un président de nos jours. A cette époque rudimentaire les guerres avaient toutes pour but le pillage sur l'adversaire et les combats n'étaient que des mê-

lées confuses sans préparations, sans plan et
où la force brutale, dépourvue de toute tactique et de toute science de la guerre, l'em-
portait toujours. Le principe des forces nationales reposait donc sur la levée en masse à
laquelle se heurtait encore Varus dans les fo-
rêts de la Germanie (alle mann, tous les hommes).

La civilisation au fur et à mesure de ses
progrès amena à catégoriser par suite de l'accroissement des richesses. Il fallut bien se
rendre à l'évidence qu'une levée en masse enlève les bras à l'agriculture, au commerce, à
l'industrie, et les cerveaux au travail intellectuel non moins profitable; que dès lors qu'un
pays est occupé à demeure, il faut répartir
les emplois de chacun aussi judicieusement
que possible afin de ne pas laisser dépérir le
patrimoine national : c'est le cas des races
sédentaires.

Dans un peuple pasteur et par conséquent
nomade il en va tout autrement. Ne se livrant
à aucune occupation fixe, il aura pour principe la levée en masse, puisqu'il voyage sans
cesse, armé et prêt au combat contre les bêtes
ou les hommes.

La levée en masse n'est point l'apanage du nomade seul : elle est aussi celui de l'envahi pour qui l'indépendance est la première source de prospérité; mais elle ne peut être que temporaire, tant que l'adversaire est chez lui et elle ne peut être qu'une cause de ruine si l'envahi devient l'envahisseur car les femmes et les enfants ne peuvent le suppléer dans tous ses travaux.

Cependant, une levée en masse qui s'avance sans esprit de retour dans ses foyers, est sûre d'écraser son adversaire, quand elle opère comme firent les invasions barbares dans l'Empire Romain.

En revanche, un peuple qui reste attaché à son sol ne peut soutenir longtemps un semblable effort.

Il a donc fallu régulariser les situations respectives en utilisant les ressources disponibles, non pas toutes ensemble (hormis le cas d'invasion), mais successivement en raison des besoins de la guerre et des foyers.

ARMÉES SÉDENTAIRES. — ÉGYPTE

L'Egypte, la plus ancienne civilisation connue avait une armée de profession. Les prêtres, la première des castes, vivaient du travail du peuple (3e caste) et le faisaient tenir en respect par les militaires (2e caste) auxquels ils donnaient des subsides fixes.

Un chef militaire, nommé Menès, escamota le pouvoir, maintint les trois castes et établit la royauté qui les brida toutes trois.

Alors existèrent des familles militaires nombreuses, dotées par l'Etat et pouvant fournir une armée de 180.000 hommes qui manœuvraient régulièrement au tambour et à la trompette. Ceci se passait 5000 ans avant Jésus-Christ.

Les Egyptiens n'avaient pas de cavalerie, mais des chars armés de faux.

Les fantassins étaient uniformément armés de casques, cuirasses, boucliers, lances et épées comme infanterie de ligne.

L'infanterie légère comportait des archers frondeurs, et des hommes pourvus de haches ou de faux.

La marine militaire se composait de galères à rames et à voiles.

Les Empires Asiatiques agirent semblablement, et, de plus, eurent des feudataires qui leur amenaient leurs contingents en cas de guerre, tout comme cela se pratiquait en Europe aux temps du Moyen Age. (Voyez Xénophon.)

PEUPLES GRECS

En Grèce, le service militaire était dû de 18 à 50 ans.

A Athènes, quelquefois chaque tribu marchait à son tour, quelquefois on prenait dans chacune d'elles le nombre nécessaire à former l'armée.

Lorsque la population était insuffisante, on remplissait les cadres avec les étrangers domiciliés dans le pays, ou même avec des esclaves. Les Anglais ont fait de même au Transvaal avec des Cafres, et les Américains du Nord avec les nègres.)

Les services administratifs étaient constitués dès le temps de paix. Des bataillons d'ouvriers chargés d'exécuter les travaux suivaient l'armée et formaient le service du génie de nos jours. Un élu du peuple était nommé généralissime pour un an et avait des officiers chargés d'étudier le terrain, de prendre des renseignements sur l'ennemi, bref, un état-major.

A Sparte, c'était l'un des deux rois qui était généralissime, ce qui assurait une fixité au commandement.

Les armées n'étaient que temporaires : en temps de paix les rassemblements d'hommes de toute condition étaient journellement exercés par des spécialistes en tactique; l'escrime et le maniement des armes étaient enseignés à la jeunesse dans les gymnases; l'obéissance passive était absolue.

Les riches formaient la cavalerie (car le cheval appartenait à son propriétaire) qui se divisait en lourde et légère, celle-ci Scythe ou Tarentine, par conséquent mercenaire; il y avait aussi de l'infanterie montée appelée doubles combattants.

Les troupes à pied étaient selon leur fortune : Oplites (épée, pique longue, casque et cuirasse), Peltastes (pique courte et bouclier), Psilites (frondes et javelots), ceux-ci étaient évidemment les plus pauvres.

La formation du combat des Egyptiens, Asiatiques et Grecs étaient la phalange. A partir d'Alexandre le Grand, l'armée eut des batteries de machines.

ROME

Rome fut incomparable comme nation guerrière. Elle empruntait leurs perfectionnements aux peuples soumis; le service dans les premiers temps, n'y était pas permanent, mais il était dû de 17 à 45 ans.

Pour une guerre, les tribus s'assemblaient, les tribuns militaires choisissaient les plus riches d'abord; la discipline y était sévère, on jurait obéissance passive. Au départ, les chefs étaient nommés à l'élection, ensuite l'avancement était la récompense des services.

En temps de paix, on faisait des exercices devant les magistrats, on exécutait des manœuvres et des marches forcées avec armes et bagages.

La légion comportait 30 manipules de 50 hommes chacun, les hastaires et princes avaient la pique de 1 m. 05 et formaient deux tiers de la légion, les triaires, un tiers, armés d'une lance de 3 mètres, tout le monde avait

casque et cuirasse, bouclier et l'épée espa-
gnole, soit 1.500 hommes auxquels s'ajou-
taient 300 cavaliers sans étriers armés de
même et 1.200 vélites pris parmi les citoyens
pauvres ayant chacun 7 javelots.

Marius divisa les légions en cohortes de
3 manipules et 500 vélites chacune et les dota
de machines de guerre qui devinrent de plus
en plus nombreuses sous Auguste.

CARTHAGE

Les armées mercenaires de Carthage
étaient aussi exigeantes que peu fidèles. Au
dire de Michelet, les Carthaginois n'étaient
rien moins que guerriers de leur personne,
quoiqu'ils aient constamment spéculé sur la
guerre. Ils y allaient en petit nombre, proté-
gés par de riches armures pour surveiller
leurs soldats de louage et s'assurer qu'ils ga-
gnaient leur argent. Carthage savait, à un
drachme près, à combien revenait la vie d'un
homme de telle nation. Un Grec valait plus
qu'un Campanien et celui-ci plus qu'un Gaulois ou un Espagnol. Toutefois, aux Grecs qui
avaient trop d'esprit et ne se laissaient pas

conduire aisément, Carthage préférait les barbares. Elle n'avait garde de faire servir près de leur patrie, les troupes qu'elle avait à son service; elles les dépaysait avec soin. Les différents corps d'une armée étaient isolés entre eux par des différences de langue et de religion. Leur subsistance dépendait de la flotte, et une fois on se débarrassa d'un corps de mercenaires en le laissant périr de faim sur un îlot stérile.

Un sénat de cent membres et deux rois (suffêtes) faisaient l'office des consuls à Rome. On nommait les généraux, qui, l'expédition terminée, déposaient leur dignité. Les rois pouvaient être élus généraux, mais ne l'étaient point de droit.

Les rois et les généraux avaient ordinairement près d'eux une commission du Sénat, qui balançait leur autorité; (on croirait voir les délégués du comité du salut public) d'autres fois leur pouvoir était illimité, tout comme celui du dictateur chez les Romains.

Les Carthaginois qui ne voyaient dans leurs défaites que de l'argent placé sans profit, étaient implacables pour les généraux malheureux. Un capitaine qui se laissait battre n'était pour eux qu'un agent qui avait mal géré; on le cassait aux gages quand on ne le livrait pas au bourreau. La révolution française n'a fait que les copier.

Malchus (530 avant Jésus-Christ), banni avec son armée, assiège et prend Carthage et massacre les sénateurs qui ont voté son bannissement. Carthage mobilisa jusqu'à trois cent mille hommes.

Quant au nombre de ses vaisseaux, il était illimité. Son port de guerre en contenait deux cent vingt. Le moindre inconvénient de son système militaire fut la guerre des mercenaires qui dura sept ans, par suite de la lésinerie qu'on mit à leur donner les récompenses promises par Amilcar (240-237 avant J.-C.).

En revanche, ce peuple avait découvert les attachés militaires. Amilcar Rhodinus se donnant comme exilé, gagna par l'intermédiaire de Parménion, la confiance d'Alexandre le Grand. Il entretenait une correspondance secrète avec Carthage. De retour dans sa patrie, il y fut condamné à mort. Un autre nommé Héraclide était attaché à Darius dans les mêmes conditions; tombé au pouvoir d'Alexandre, celui-ci le remit en liberté.

Annibal, à la fin de la deuxième guerre punique, fit servir son armée à planter des oliviers dont il avait reconnu l'utilité en Italie. Les Romains employaient la leur en temps de paix à la construction d'ouvrages utilitaires.

Ce petit bout d'étude, soit dit en passant, montre que rien n'est nouveau sous le soleil et que l'artillerie ne date pas de nos jours; cependant on peut lui accorder qu'elle a inventé la poudre et tout le monde n'en peut pas dire autant.

LE MOYEN AGE

Au Moyen âge, chaque propriétaire de terres mène au combat un certain nombre de soldats qu'il recrute lui-même. Le service était dû pendant six mois par les serfs, dont trois étaient payés par le propriétaire et trois par l'Etat.

LA FÉODALITÉ

Sous la féodalité, tout propriétaire de fief a des vassaux de différents ordres et il est tenu de fournir à son souverain un certain nombre de soldats selon le fief qu'il occupe.

Le service est fixé à quarante jours, aux frais
des vassaux, le surplus aux frais de qui les
emploie.

ARMÉES PROFESSIONNELLES

Quand les grandes compagnies de Dugues-
clin reviennent d'Espagne, elles causent tant
de dégâts que le roi juge plus économique de
les prendre à sa solde : et voilà le principe
retrouvé de l'armée professionnelle et permanente.

Charles VII dans sa lutte contre l'Anglais, abandonné des grands vassaux, a
besoin d'hommes et crée la milice; chaque
commune fournit un homme toujours prêt à
accourir. L'homme est exempt d'impôts et
comme il y a 16.000 communes, Charles VII
trouve ainsi 16.000 hommes : voilà pour l'infanterie.

Pour la cavalerie, il crée 15 compagnies
de gendarmerie de 100 hommes chacune : chaque gendarme touche cinquante francs par
jour; il doit fournir et entretenir 1 écuyer,
3 archers, 1 coutilier et plusieurs varlets, ce
qui porte chaque compagnie à 800 hommes.

Louis XII ne se sert plus de la milice, il lève des corps d'infanterie de 1.000 hommes calqués sur l'infanterie suisse dont il solde un corps : l'Allemagne, l'Espagne l'imitent.

François Ier institua dans chaque province une légion provinciale comptant des piquiers, arquebusiers et hallebardiers.

Henri II les forme en quatre régiments : Picardie, Champagne, Piémont et Navarre; il fonde la cavalerie légère, reîtres, carabins, argoulets : la gendarmerie finit par disparaître.

Au temps de Louis XIV, on procède par enrôlements volontaires ou par capitulations. On appelait ainsi la location de ses troupes par un Etat à un autre Etat. La plus célèbre est celle des troupes de Hanovre et Brunswick à l'Angleterre pour combattre la révolte des Américains.

Louis XIV eut jusqu'à 250 régiments d'infanterie de 1 à 4 bataillons donnant 450.000 hommes.

En 1688, on forma 30 régiments de milices équipés par les communes et s'exerçant à la guerre sans quitter leur pays. C'est l'inauguration du deuxième ban.

Saint-Germain ramena l'infanterie à 100 régiments de ligne et 14 de chasseurs.

Carnot, pour encadrer les nouvelles levées forma d'abord des demi-brigades à 3 bataillons dont 2 de volontaires avec 6 pièces : puis des divisions permanentes comprenant 2 brigades d'infanterie, une de cavalerie, 2 batteries et une compagnie de génie.

L'armée fut divisée en trois bans :

Le premier, armée d'opérations comprenant toute la population valide au-dessous de 40 ans; le deuxième ban renfermant les gens plus âgés ou les malingres devait défendre les places fortes; le troisième, les vieillards et les enfants faisaient le service des hôpitaux et des ateliers. On eut ainsi 1.100.000 hommes. L'avancement se faisait à l'ancienneté; les deux tiers des officiers subalternes étaient élus, l'autre au choix des Commissaires de Salut Public.

Le Premier Empire apporte la conscription, dont Louis XVIII qui en avait promis la suppression, changea le nom en celui de Recrutement, faute de pouvoir tenir sa promesse. La loi de 1818 fixait le service militaire à 7 années avec faculté de remplacement.

Mais ici, il faut ouvrir une parenthèse : une institution avait surgi sur le sol français, dès les premiers moments de la révolution et à vrai dire, elle n'était que la réédition d'institutions fort antérieures, concédées, approuvées et soutenues par nos divers rois.

GARDES BOURGEOISES

Depuis la domination des Romains en Gaule, les villes au-dessus de 6.000 âmes devaient avoir des gardes suffisantes pour maintenir l'ordre. Pendant le siège de Paris par les Normands, la milice bourgeoise défendit bravement les remparts.

En avril 1369, saint Louis fixe à 200 le nombre des chevaliers de l'Arquebuse qui forment une société à Paris.

En 1410, Charles VI autorise 60 arbalétriers qui s'habilleront, s'armeront à leurs frais, marcheront aux frais de la Ville et toucheront : le capitaine cinq et chaque soldat trois sols, sans compter la dépense de bouche pour l'homme et le cheval.

En 1411, Charles VI autorise cent vingt archers.

Ces trois compagnies devaient défendre Paris et jouissaient de plusieurs exemptions d'impôts, ainsi que de privilèges. Elles finirent par fusionner en 1594 et Louis XIV, en 1690, fixa le nombre à 280 hommes; mais insuffisants pour maintenir l'ordre à Paris, ils furent remplacés par le guet et ne subsistèrent que comme société privée jusqu'à la Révolution.

Toutes les grandes villes et forteresses frontières (Calais, par exemple), eurent à leur tour des troupes analogues, calquées sur celles-ci et autorisées par les rois ou les grands feudataires.

GARDE NATIONALE

En 1789, des régiments-réguliers appelés par la Cour formaient des camps d'observation autour de Paris. Le 8 juillet 1789, Mirabeau, pour répondre à un coup de force ou à une insurrection possibles, propose à la Constituante de voter l'établissement d'une garde bourgeoise à Paris : sa demande est rejetée. Le 11, le comité des électeurs renouvelle cette demande; le 12, une députation de l'Assemblée sollicite l'autorisation du roi qui refuse; le 13, l'Assemblée réitère sa démarche pendant que la garde bourgeoise s'organise en 16 légions formant 60 bataillons; le 14, Louis XVI accepte le fait accompli; le 15, Lafayette est élu commandant en chef de la garde par le comité : la garde bourgeoise prend le drapeau tricolore.

Les autres villes en firent autant et la garde bourgeoise prit le nom de garde nationale. Une loi de 90-91 fit cette déclaration de principes : « Les corps armés pour le service inté- « rieur sont une force essentiellement desti- « née à agir contre les perturbateurs de « l'ordre et de la paix ».

La loi ne laisse au roi la nomination d'aucun officier ni la moindre intervention dans leur choix. La garde nationale à l'état embryonnaire, ne put s'opposer aux journées des 5 et 6 octobre 1789. Lafayette commandait l'armée du Nord lorsqu'eut lieu le 10 août 1792; la même garde n'empêcha pas les assassinats dans les prisons en septembre, mais fit la haie, le jour de l'exécution de Louis XVI (21 janvier 1793).

En revanche, le 13 vendémiaire, elle prit

les armes contre le Directoire, fut réduite par
Bonaparte qui, une fois consul, la supprima
et la remplaça par la garde municipale (4 octobre 1802).

En 1809, les Anglais débarquent à Walcheren, pendant que Napoléon est à Lobau
et menacent Anvers : Fouché rétablit et lève
les gardes nationales du Nord de la France;
Bernadotte en prend le commandement et repousse les forces britanniques. Ce fait de
guerre amena la formation de ces gardes en
un régiment qui fit partie de la garde impériale; mais le chef de l'Etat se réserva la totalité des nominations aux places d'officiers.

Elle fut reformée dès lors en cohortes de
quatre compagnies, elle servit de base à la
réorganisation de l'armée en 1813. La garde
nationale marcha en 1814 contre l'envahisseur et compte à son actif le superbe combat
de la Fère Champenoise où elle livra, elle
aussi, une bataille d'Egypte contre la cavalerie austro-russe, provoquant l'admiration
de l'empereur Alexandre. La nouvelle garde
protégea la sûreté de la capitale lors des invasions de 1814 et 1815. Louis XVIII la maintint, Charles X rendit contre elle un décret de

dissolution, parce qu'elle avait crié à une revue : « A bas les Ministres ! » La révolution
avait lieu quelques jours après et la garde
nationale se reconstitua d'elle-même le 28 juillet 1830 comme en 1789. A l'avènement de
Louis-Philippe, Lafayette en reprit le commandement.

Au commencement de la monarchie cons-
titutionnelle, la garde nationale de la Seine
rendit de nombreux services contre l'émeute,
sauva la paix intérieure et s'acquit des droits
à l'admiration et à la reconnaissance générales. Elle était passée sous les ordres du
maréchal comte Lobau. Dans les départements il n'en fut pas de même et il fallut lan-
cer des décrets de dissolution contre certaines
gardes de province, mais aucune de ces
ordonnances n'éprouva de résistance dans
son exécution.

En juin 1848, elle fit bravement son devoir
contre l'insurrection qui lui fit essuyer de
grosses pertes sur plusieurs points de Paris.
Elle appuya vigoureusement la troupe de ligne insuffisante et son énergie entraîna la
garde mobile encore hésitante. On peut donc

dire que l'honneur des Journées de juin lui revient.

Le 26 juin 1851, refonte de la garde nationale, organisation par communes dans les départements, par arrondissements à Paris; les compagnies communales ne pouvaient être organisées en bataillons cantonaux ou légions départementales sans un décret du pouvoir exécutif : le droit de dissolution ou suspension appartenait au Président de la République. Les gardes nommaient leurs officiers, sous-officiers et caporaux, mais les chefs de bataillon et porte-drapeaux étaient nommés par tous les officiers du bataillon et un nombre égal de délégués dans chaque compagnie; les chefs de légion et lieutenants-colonels, par tous les officiers de la légion réunis aux délégués susdits.

Le 11 janvier 1852, nouveau décret : réorganisation par bataillon; officiers nommés par le chef de l'Etat, sur la proposition du commandant supérieur dans le département de la Seine et sur celle des préfets dans les départements. Les chefs de bataillon nommaient les sous-officiers et caporaux.

Cette garde comprit de l'artillerie et de la cavalerie.

En 1866, un sénateur proposa d'utiliser la garde nationale d'une façon plus effective pour le service de la capitale, mais sans prise en considération. En 1870, vû l'absence des troupes parties pour la frontière, la proposition est reproduite le 6 août, et la garde qui n'était que censitaire sous Louis-Philippe et l'Empire, comprend tous les citoyens de 21 à 50 ans, qui ne font partie ni de l'armée ni de la garde mobile : ils ont droit aux pensions pour blessures ainsi que leurs veuves, orphelins, en cas de mort dans des circonstances de guerre, ainsi que l'assimilation avec l'armée est donnée aux décorés et médaillés pour faits militaires.

Le 4 septembre un décret fait nommer tous les grades à l'élection. La Seine eut à elle seule 138 bataillons à 8 compagnies de 1.500 hommes : les indigents étaient soldés à raison de 1 fr. 50 par jour.

Le 31 octobre, le général Trochu, cerné à l'hôtel de ville par les bataillons excentriques est délivré par ceux du centre.

Le 8 novembre, les bataillons se dédoublent

et forment 4 compagnies de guerre comportant : 1° les volontaires; 2° les célibataires et veufs sans enfants de 20 à 45 ans; 3° les mariés ou pères de famille de 20 à 35 ans. Quatre compagnies formaient un bataillon; 4 bataillons, un régiment sous les ordres d'un colonel ou lieutenant-colonel.

Le 24, le 72ᵉ enlève les barricades de Bondy et poursuit les Saxons jusqu'aux bois.

Le 29, les 106ᵉ et 116ᵉ se conduisent bravement à la gare aux bœufs (Choisy-le-Roi).

Le 30, à Champigny, de nombreux bataillons prennent part à la bataille qui continue le 1ᵉʳ et le 2 décembre; les tirailleurs de Belleville sont dissous pour abandon de leur poste devant l'ennemi.

Le 19 janvier 1871, la garde nationale mélangée à l'armée et à la mobile se conduisit brillamment, mais le 22, les bataillons excentriques venaient assiéger l'hôtel de ville.

A partir de la capitulation de Paris, elle devient l'armée de la commune, s'empare des principaux points stratégiques de la capitale le 18 mars, massacre Lecomte et Clément Thomas, et, après avoir favorisé plusieurs insurrections en province, fut finalement dissoute le 30 août, sans aucune difficulté.

La garde nationale avait eu en province de belles pages; la défense de Rambervillers, le combat de Nuits si glorieux, et la dure campagne de l'Est qui compensent et au delà la panique qu'on lui reproche à Pontlieue, sans tenir compte de l'infériorité de son armement et de son équipement.

GARDE MOBILE

Louis XIV, ainsi que nous l'avons vu, avait fondé une réserve de 30 régiments de milice.

En 1831, la loi militaire portait que des corps détachés de la garde nationale pourraient être employés au service de guerre et comprendraient les célibataires de 20 à 35 ans, les veufs et mariés de 20 à 30 ans. Cette disposition ne fut jamais appliquée faute de circonstances.

Le 25 février 1848, le gouvernement provisoire forme 24 bataillons de gardes mobiles recrutés parmi les ouvriers sans ouvrage; les grades sont éligibles, l'uniforme celui de la garde nationale, l'équipement de la troupe, la solde 1 fr. 50.

Elle marche pour délivrer l'Assemblée le 15 mai.

Lors de l'insurrection de juin, on la tenait en défiance, quand, au vu du sanglant échec de la garde nationale au Pont Saint-Michel, elle enlève les barricades et dès lors rétablit l'ordre. Ses bataillons sont réduits à 12 en janvier 1849, disséminés sur le territoire et finalement dissous peu après; bon nombre de ses soldats entrèrent dans l'armée régulière.

Dès 1854, où plus de 100.000 hommes étaient aventurés en Crimée, on se préoccupa de constituer une réserve. Il y avait bien la garde nationale, mais elle se composait d'éléments absolument impropres à sortir de leur ville; on chercha donc le moyen de s'assurer le concours des anciens militaires.

Après la guerre d'Italie, on essaya de constituer une réserve de l'armée, mais cette réserve ne pouvait porter que sur d'anciens militaires déjà libérés du service qui supportaient presque seuls toute cette charge, et sur le surplus du contingent qui n'était pas employé.

Il y avait 34.000 hommes inscrits en 1863.

L'attitude de la Prusse en 1854 et 1859 avait donné des inquiétudes; on la savait capable de mettre un nombre considérable d'hommes exercés en ligne. Comme ce n'étaient pas des professionnels, la valeur de ces contingents était fort discutée et cependant le temps n'avait pas manqué pour approfondir cette organisation qui datait de 1813.

Organisation prussienne. — Dans les capitulaires des Francs, il est déjà question de levées en masse pour la défense du territoire « Landweri ».

L'Allemagne l'appelait « Landsturm » : au XVIe et au XVIIe siècles, le landsturm était encore tenu de veiller à la sûreté de l'intérieur et des frontières et même de faire la guerre au dehors. Dans le pays de Bade, par exemple, tout individu qui venait de recevoir le droit de bourgeoisie était tenu de s'armer et de se rendre apte aux exercices militaires. Plus tard ce devint une milice comprenant la partie de la nation qui devait se tenir prête à prendre les armes pour appuyer et compléter au besoin les troupes régulières.

En 1799, quelques États de l'Allemagne firent appel au landsturm, mais la mesure était incomplète et ne donna pas de résultats.

Après la paix de Presbourg, l'Autriche, où l'archiduc Charles n'avait pas cru déroger en faisant les fonctions de Ministre de la Guerre en vue d'une revanche, l'Autriche, sur ses avis, décida en 1808, la formation de 50.000 hommes de landwehr âgés de moins de 45 ans.

La Russie suivit cet exemple en 1812 et la Prusse en 1813; en même temps, ces Etats créèrent un landsturm qui n'était appelé à l'activité qu'en cas d'invasion et ne pouvait être employé hors du territoire.

La landwehr rendit d'utiles services aux Allemands en 1814 et 1815.

L'édit du 3 septembre 1814 statuait que tout Prussien en état de porter les armes servira 2 ans dans l'infanterie de ligne, 3 dans la garde et les autres armes et passera dans la réserve jusqu'à complément de 5 ans, puis dans la landwehr.

La landwehr avait deux bans convocables séparément et *n'était soumise aux lois militaires que lorsqu'elle était réunie sous les armes.*

Le landsturm n'appartient pas à l'armée, ne

prend les armes que lorsque le pays est menacé et sur la convocation du roi.

Le roi nomme à tous les emplois.

Cette institution préparée de 1808 à 1813 par un service à court terme, perfectionnée sans cesse, et expérimentée au point de vue de la mobilisation en 1864, fut mise à l'épreuve en 1866 et donna des résultats satisfaisants.

GARDE NATIONALE MOBILE

Le coup imprévu de Sadowa donna à réfléchir en présence des gros effectifs mis en ligne par la Prusse et on proposa de former trois catégories :

L'armée active, la réserve et la garde nationale mobile; on se flattait de pouvoir disposer de 1.200.000 hommes et consacrer le principe du service obligatoire.

Le projet de loi du 8 mars 1867 disait : « La « garde nationale mobile comprend, outre les « jeunes gens appelés qui ont accompli 4 ans « dans la réserve, les jeunes gens qui ont « obtenu l'exonération du service et ceux qui « se sont fait remplacer. La durée du service

« est de 5 ans. Cette garde est destinée à la
« défense des places, des côtes et des fron-
« tières et au maintien de l'ordre à l'intérieur.
« Elle ne peut être appelée que par une loi
« spéciale; les officiers sont nommés par l'em-
« pereur, les sous-officiers et caporaux par
« l'autorité militaire. »

« Les jeunes gens en sont soumis à des re-
« vues, réunions, exercices au chef-lieu du
« département, de l'arrondissement, soit du
« canton du domicile pour une durée qui ne
« peut excéder 15 jours par an. »

Le rapporteur faisait observer que ceux qui
en faisaient partie étaient quittes de tout service militaire à 26 ans en temps de paix, à
30 ans, en temps de guerre et faisait ressortir
qu'en Russie, Prusse, Autriche, Italie, les diverses catégories d'appelés restaient liées jusqu'à plus de 40 ans.

Chaque bataillon était de 2.000 hommes au
maximum, à 8 compagnies; les officiers
étaient choisis parmi les retraités et démissionnaires de l'armée, les sous-officiers ayant
25 ans de services, les militaires libérés, les
volontaires et appelés de la garde mobile.

Celle-ci devait former 318 bataillons,

123 batteries, 5 compagnies de pontonniers. Beaucoup d'anciens officiers offrirent leurs services; les exercices commencèrent en juin 1869 et se terminèrent au commencement de novembre sans grand enthousiasme comme sans grande rigueur.

En janvier 1870, les contrôles étaient au complet et l'organisation achevée à Paris et dans les trois premiers grands commandements suivants :

Les grands commandements étaient :

   1 Paris,
   2 Lille,
   3 Nancy,
   4 Lyon,
   5 Tours,
   6 Toulouse,
   7 Alger.

Il y avait 21 divisions militaires avant 1858 et aujourd'hui il y a 20 corps d'armée : rien n'est nouveau sous le soleil.

La garde mobile fut appelée le 15 juillet; le 1er septembre, 100.000 hommes furent dirigés sur Paris pour le défendre; le 19 les Bretons se signalent par leur ténacité à Châtillon et d'autres montrèrent la même valeur à Bagneux, L'Hay, Champigny, Buzenval. Le 22 janvier 1871, ils délivrent le gouvernement et le 28, ils mettent bas les armes à la suite de la capitulation.

En province sitôt les bataillons équipés, ils étaient dirigés sur les camps d'instruction, puis sur les armées où ils combattaient à côté des troupes de ligne et méritaient les éloges des généraux Chanzy, Faidherbe, Bourbaki; ils ont *rarement* fléchi. Une partie des mobiles du Midi combattirent l'insurrection d'Algérie et y restèrent jusqu'au mois de juin.

Dans ce bref, mais indispensable résumé, il n'a été question que des divers modes de service militaire, des formations successives dans des buts divers, de leurs faits d'armes et de leurs prérogatives. Ceci était nécessaire pour la compréhension de ce qui va suivre, mais il n'a pas été parlé à dessein des détails d'organisation tant en France que dans les autres pays européens ou qui en ont adopté la civilisation par cette raison excellente que ces sujets, extrêmement longs et compliqués sont connus à peu près de tout le monde, et, en tout cas, beaucoup mieux traités par des auleurs fort compétents, que je ne pourrais le faire moi-même.

De ce qui précède, il appert clairement qu'on a toujours appliqué aux grands maux les grands remèdes, que dans aucun pays on n'a pu se passer d'un appoint de la population armée, pour venir en aide à l'armée de profession, et que cette population armée s'est toujours distinguée lorsqu'elle a été menée au combat par des chefs au courant de leurs fonctions. Lorsqu'au contraire, elle a élu ses chefs en dehors de toute préoccupation militaire, elle n'a été qu'un élément de troubles et par conséquent un obstacle à la marche normale des affaires publiques.

LE SERVICE MINIMUM

Le service minimum s'impose à bref délai pour la raison la plus péremptoire qui soit au monde : le manque d'argent.

Le peuple qui sera arrivé le premier au minimum de dépenses pour son armée aura pris une avance qui lui permettra de rétablir, au moins partiellement ses finances, finances dont la situation aujourd'hui obère les budgets européens à un point tel que la banque-route est en perspective dans la plupart des Etats.

Or, une armée coûte et ne rapporte pas, puisqu'avec le service déjà considérablement réduit, il est impossible d'employer cette armée à la construction d'ouvrages d'utilité publique, ainsi que le faisaient les Romains.

Cependant, si l'on veut raisonner froidement, il faut se dire qu'il y a deux écoles en présence, la première qui veut l'armée de profession, prétextant qu'un soldat non professionnel ne vaut rien ; la seconde, au contraire, qui prétend que l'armée est une école par laquelle chacun doit passer et apprendre une dose de savoir militaire proportionnel au grade acquis.

S'il faut des professionnels, il est incontestable qu'un laps de quatre ans est amplement suffisant pour avoir une bonne armée active. Alors il faut revenir à la loi Niel et remettre sur pied les bataillons de mobiles, de mobilisés et de sédentaires qui se sont d'ailleurs toujours bien comportés quand ils étaient bien commandés et qui ne sont pas responsables d'avoir été levés à la hâte, encadrés et conduits à l'ennemi sans aucune instruction militaire préalable.

Cette expérience faite sous le canon allemand prouve que méthodiquement conduite, cette manière de faire peut avoir son bon côté par la cohésion qui existe généralement entre gens du même pays, commandés par des chefs vivant au milieu d'eux, cohésion qui ne peut exister avec le doublement actuel des effectifs de guerre au moyen de réservistes. L'objection des intérêts électoraux ne semble pas sérieuse et du moment qu'elle n'a pas amené de troubles en 1870, il n'y a aucun motif pour qu'il en surgisse dans le temps présent.

Si, au contraire, le second cas prédomine et que l'armée soit envisagée comme école, il faut renvoyer l'homme dans ses foyers dès qu'il a fait preuve du degré d'instruction militaire qui est exigible de lui. En ce cas, nous pouvons nous inspirer de l'Autriche, qui renvoie après examen au bout de chaque année, ses soldats les plus appliqués à leurs devoirs.

Cette méthode semble appelée à prendre le pas sur l'autre, par simple considération politique, puisque la majorité est foncièrement hostile à toute armée professionnelle et lui décerne volontiers le titre de prétoriens.

Malheureusement, nous semblons voués à piétiner sur place ; l'objection favorite est que le service ne peut se réduire au-dessous de trois ans pour les armes montées.

L'ÉGALITÉ DU SERVICE MILITAIRE

Un esprit simplement impartial ne voit pas très bien *a priori* ce que vient faire ici cette objection.

D'abord il est surabondamment évident que la plupart des militaires d'un contingent ne font pas trois ans de service, une moitié fait un an, le reste dix-huit, vingt, vingt-quatre mois ou un peu plus, mais il faut constater péniblement qu'à moins d'être abandonné de sa famille, de ses députés et de ses sénateurs, tout le monde peut trouver un petit cas de renvoi anticipé qui, servi à propos, procure la libération à son heureux possesseur.

Ces cas sont des plus variés et se trouvent tout aussi bien dans les armes à cheval que dans celles à pied ; donc, du moment que les armes à cheval sont mises en avant comme *impedimentum* à la réduction au minimum de service actif, il suffit de prendre la question au début juridique pour l'éclaircir ample-ment.

Le législateur qui a divisé les périodes de service en temps passé dans l'armée active, dans la réserve et dans l'armée territoriale, a fait évidemment une répartition superbe aux yeux des gens ignorants des choses de l'ar-mée; mais totalement erronée au point de vue pratique.

Un homme qui sert dans l'armée active est militaire pendant tout le temps qu'il se trouve sous les drapeaux, mais le réserviste ou le territorial, n'est pas moins sous la loi mili-taire pendant tout le temps que dure sa convo-cation, par conséquent, la durée du service n'est pas du tout celle de l'armée active égale pour tous, de la réserve égale pour tous, de la territoriale égale pour tous ; la durée du service militaire est le nombre de jours total qu'un homme qui aura atteint 45 ans, devra avoir accompli sous les drapeaux le jour où il sera libre, à moins qu'il n'ait bénéficié d'un des cas de dispense prévus par la loi. En conséquence, pour les armes à pied :

Soit a le temps passé dans l'active, r celui passé dans la réserve, t celui passé dans la territoriale ; et pour les armes à cheval : a', r', t' ;

Soit n le nombre de jours total de services qu'un homme devra avoir accompli à 45 ans, on trouvera les deux équations suivantes :

$$a + r + t = n.$$
$$a' + r' + t' = n.$$

Il ne s'ensuit pas que $a = a'$, que $r = r'$, que $t = t'$.

Il peut se faire que $a' + r' = a + r + t = n$, en ce cas le réserviste de cavalerie ne fera pas de stage comme territorial et sera versé d'emblée dans le cadre de l'armée territoriale, mais exempt de convocation, sauf changement d'armement ou de tactique.

Or, en droit, l'État ayant le pouvoir d'utiliser un homme en raison de ses aptitudes, il est hors de doute que nul n'aurait à se plaindre d'une loi qui déciderait le service de deux ans dans l'infanterie et celui de trois ans dans la cavalerie et l'artillerie.

On se figure à tort, la troisième année des armes à cheval comme étant destinée au dressage des chevaux à mettre en service, corvée

qui échappe aux armes à pied. Cette opération se fait petit à petit, tous les ans, et d'une
manière beaucoup plus simple qu'on ne se
l'imagine.

Quels seront les résultats d'une semblable
mesure ?.

Ils seront dès l'abord de deux sortes : in-
fluant sur le recrutement des hommes et sur
les méthodes d'instruction.

Conséquences du Service minimum
pour les armes à cheval.

Au point de vue du recrutement des cavaliers, il semblerait que devant cette astriction
d'un an de plus de service en perspective,
chacun chercherait à éluder la cavalerie pour
ne servir que deux ans dans l'infanterie. C'est
peut-être une erreur, car si, actuellement, on
trouve encore beaucoup d'engagés volontaires pour quatre ans, il se trouvera *a fortiori*
un plus grand nombre de sujets consentant
aux trois ans. Tout homme qui a connu et
pratiqué le cheval à un titre quelconque se
réclamera toujours de la cavalerie et aura
horreur des marches à pied ; il faut faire en-

trer également en ligne de compte l'uniforme qui séduit beaucoup de monde et ce sera affaire au service du Recrutement de compléter la mesure par un choix judicieux, en n'envoyant pas dans les armes à pied les grooms, jockeys, palefreniers, piqueurs d'équipages, cochers et autres catégories fort nombreuses de gens de cheval comme cela s'est vu trop souvent et se voit encore. Témoin le lad d'un propriétaire dont les écuries sont renommées. Ce lad envoyé par le recrutement dans un régiment d'infanterie était impropre à la marche et demanda un changement d'arme pour faire son service au régiment de cavalerie qui occupait un quartier voisin. Pour ne pas se déjuger, l'autorité préféra le réformer.

En outre, il n'y a pas là que des préférences personnelles en jeu, il s'y trouve aussi des intérêts qui ne sont pas à dédaigner. Les convocations de réserve doivent être plus fréquentes pour entretenir le soldat qui a été exercé pendant sa période active. Elles sont même d'autant plus indiquées que, sans elles, il n'y aurait plus guère d'armée entre le renvoi d'une classe et l'arrivée d'une autre ; c'est du reste à cette époque qu'on a fini par les convoquer dans les armes à cheval, en raison du matériel cheval disponible en ce moment. Cette mesure serait indispensable pour les armes à pied et c'est ici que les cavaliers récupèrent ce qu'ils semblent avoir perdu au début.

La convocation d'un mois est, dit-on, nécessaire pour remettre à l'entraînement le fantassin qui occupe un emploi sédentaire, carrières libérales, ateliers, fabriques, manufactures, banques, bureaux, etc... mais il en va tout autrement du cavalier. Quand ce dernier a repris l'assiette à cheval, et il l'acquiert en huit jours, il ne lui faut pas plus d'une semaine pour revoir les évolutions et le service en campagne, il est donc libérable au bout de 15 jours, soit en moitié moins de temps que l'homme à pied. La preuve en est que quand les corps de cavalerie reçoivent des réservistes isolés, ceux-ci sont la plupart du temps versés avec les cavaliers présents et suivent les exercices du moment, quels qu'ils soient.

En tout cas, le cavalier y gagnerait forcément d'être quitte de toute charge militaire beaucoup plus tôt et à l'âge où elle devient beaucoup plus désagréable.

Le dressage des chevaux n'est pas aussi

compliqué qu'on semble le dire et n'est pas un obstacle à l'adoption du service à court terme. Sans se montrer trop exigeant, il est certain qu'en six mois, au plus, quoique n'étant pas en mesure de supporter les mêmes fatigues que de vieux chevaux, la remonte de l'armée doit pouvoir entrer dans le rang. Les nouveaux règlements l'entendent d'ailleurs ainsi.

Ce dressage sera parachevé par les cadres, les engagés volontaires et les meilleurs cavaliers.

Enfin, vu la nécessité d'une mise au point rapide les règlements ont été allégés de certains mouvements superflus, tant à cheval qu'à pied ; on a même exagéré en supprimant le port et la présentation de l'arme, les instructeurs peuvent pousser l'instruction beaucoup plus vite et sans s'appesantir sur la rectitude d'un mouvement; passer du premier au dernier, le plus rapidement possible et ne s'attacher à la correction qu'une fois qu'ils ont tous été vus.

C'est là évidemment le sens incompris de la circulaire du Général Mercier, si nette cependant.

On peut faire des classes à pied en deux mois et demi et des classes à cheval en quatre; après il reste une marge de huit mois pour les évolutions et manœuvres, ce laps de temps peut passer à bon droit pour plus que suffisant.

Il est donc facile de se rendre compte que dans ces conditions, il ne saurait être question de faire une différence de temps de service selon les armes et que la durée de deux années devient applicable à toutes.

Quant au congé d'un mois par an proposé par certains, il existe par le fait des renvois individuels aux travaux agricoles et autres, et des permissions accordées lors des convocations des réservistes et territoriaux à un nombre égal d'hommes de l'active pour ne point dépasser les prévisions budgétaires. Il ne faudrait pas croire que ces permissions soient agréables à tous, le fait suivant va le montrer :

Une année on reçut l'ordre d'envoyer en permission 20 hommes par fraction constituée pour un mois. La liste dressée dans l'une comprenait 19 volontaires et le 20ᵉ d'office, pour parfaire le nombre ; ce dernier se récusa et dit à son capitaine : « Je ne possède rien que mon état de sabotier qui me ferait vivre, si je rentrais définitivement dans mes foyers ; mais pour un mois, je n'aurai pas une seule commande et je mourrai de faim, je vous demande donc de me garder. »

Le capitaine alla trouver ses collègues, tous avaient parachevé bien juste le nombre de permissionnaires prescrit ; il rendit compte au colonel, qui ne trouva dans le régiment aucun autre homme pour le remplacer dans les conditions voulues. Le capitaine le nourrit sur le surplus de l'ordinaire et lui paya sa solde de sa poche, l'homme resta.

ACTION RÉFLEXE SUR LE RECRUTEMENT
DES CADRES, L'AVANCEMENT ET LE RENGAGEMENT
DES SOUS-OFFICIERS

Ici, nous touchons au point délicat de tout notre système militaire, celui pour lequel nul ne veut appliquer le vrai moyen, la question des sous-officiers.

Il est risible ou navrant (comme on voudra) d'entendre ou de lire toutes ces polémiques journalières engagées sur les sous-officiers de carrière et leur recrutement. Si le sous-of-ficier de carrière peut exister dans un pays qui a une hiérarchie civile, c'est-à-dire, une nation aristocratique, comme la Prusse, le même être est presque introuvable chez un peuple constitué en démocratie comme la France, où par suite du suffrage universel, le premier venu peut prétendre à tout.

Les inventeurs de cette utopie voudraient un excellent sujet, très au courant du métier, en un mot un homme de confiance auquel on dirait : « Tu resteras là jusqu'à ta retraite, « tu as ton bâton de maréchal. Dans quinze « ans, on te donnera (s'il en existe) une petite « place qui te rendra fonctionnaire d'une ad- « ministration que l'Europe nous envie : ce « qui te permettra de créer toute espèce de « tracas à tes concitoyens et de les recevoir « dans ton bureau le chapeau sur la tête. »

Malheureusement cette combinaison s'est effondrée du premier coup. Nos sous-officiers ne sont aucunement assimilables avec ceux de Prusse. Ces derniers sont généralement des rustres de la basse classe, qui trouvent dans leur grade une situation très supérieure à celle qu'ils pouvaient rêver chez eux et il faut que cela soit puisqu'ils ne sont guère comparables en France, qu'à nos caporaux ou brigadiers avec certaines petites prérogatives que nous n'attribuons qu'à nos sous-officiers. On peut supposer que le gouvernement prussien ennuyé d'entendre critiquer le caporalisme a débaptisé ses caporaux et leur a donné l'appellation de sous-officiers. Il n'y a donc pas à faire de parallèle en tant que grade. Comme situation sociale, nos sous-officiers sont, au moins 3/10e, de la bourgeoisie, et possèdent la plupart du temps un peu d'aisance, presque tous sont engagés volontaires et cherchent à arriver le plus haut possible, beaucoup ont échoué à un examen d'école et entrent au service résolus à sacrifier un petit laps de temps pour conquérir cette épaulette qu'ils n'ont pas pu avoir d'emblée. Qu'arrive-t-il ? Quand le n° 451, qui a été refusé voit qu'il lui faudra huit ans pour conquérir le grade que le n° 450 a obtenu en deux ans, il s'en va, et cherche fortune ailleurs et cela ne peut se faire autrement, puisque sa situation personnelle le met de pair avec ses supérieurs dès qu'il a rompu avec la hiérarchie.

Si l'on veut faire le compte des sous-officiers français qui restent au service jusqu'à leur retraite, on n'en trouvera qu'un nombre très restreint, soit à cause de l'exiguité de cette retraite qui devrait se cumuler avec l'appoint d'un petit emploi qui ne leur est donné qu'après une longue attente ou qui ne leur est pas donné du tout ; soit à cause de l'insuffisance de leur solde ; soit pour lenteur dans l'avancement ; ou même parce que ceux qui désirent un emploi trouvent beaucoup plus court de l'obtenir par la protection de leur député.

Les choses en étant là, est-ce à dire que les gradés manqueront ? Nous aurons toujours des caporaux ou des brigadiers car on peut en nommer au bout de six mois ; on aura des sous-officiers en faisant des nominations six mois plus tard, mais tout ce monde s'en ira au bout de ses dix-huit mois ou du moins il n'y aura presque pas de rengagés et c'est l'objet rêvé ? Comment l'acquérir ? par le procédé radical, leur donner de l'avancement, sans lequel pas un ne restera.

Le débouché est trop long et si nous appliquons le proverbe : *Qui veut la fin prend les moyens* il faudra créer de toutes pièces la retraite proportionnelle qui nous donnera une partie du cadre de la réserve en officiers, et fera des vacances dont pourront profiter les aspirants qui rengageront pour obtenir le grade.

Mais alors il ne faut pas qu'il puisse y avoir accession aux grades d'officier autrement que par le rang sans quoi tout le système s'écroule.

Supposez un promeneur qui prendrait sa place au guichet de l'Opéra, monterait le grand escalier et trouverait les couloirs envahis par d'autres amateurs qui ont retenu leurs places d'avance et sont arrivés par les petits escaliers !...

. Je sais fort bien que cette mesure entraîne la suppression de l'École à laquelle on accède directement au sortir du collège, que cela va faire crier tous ceux qui avaient le désir d'y entrer, et mécontenter leurs familles, mais il est permis de discuter ce point qui ne touche que des intérêts particuliers et de les mettre en regard de l'intérêt général.

Certes il est fort agréable d'être officier au bout de deux ans sans avoir été simple soldat, malheureusement le moindre écueil de cette

méthode est trop souvent le manque de vocation. Combien de jeunes gens riches n'ont-ils
pas entendu dire à leur famille que, par le
temps qui court, il n'y a plus d'autre carrière sortable ? Voilà bien le résultat de notre
état social qui ne comporte plus que des in-
transigeants, de droite ou de gauche toujours
disposés à repousser toute mesure transac-
tionnelle.

Dans le métier militaire, la base de tout est
l'homme. Celui-ci a son tempérament, ses
vues, ses aspirations et c'est de sa connaissance approfondie que découle le bien du service. Contrairement à ce que l'on serait tenté
de croire, une armée, un corps, une fraction ne
marche pas par la rigueur ; elle marche d'autant mieux que la tête qui commande a su
réunir en un faisceau toutes les volontés
convergeant vers un même but à atteindre et
le résultat est d'autant plus fécond que chacun a donné franchement dans le collier. Certes il peut se produire des cas où une répression devienne nécessaire, mais ils sont rares
pour qui sait s'y prendre. Or, l'homme de
troupe, recruté dans toutes les classes sociales, est variable à l'infini suivant le milieu

d'où il sort. Un engagé volontaire pour deux ans et qui depuis est devenu un officier très-allant contait le fait suivant : « J'entendis un « pauvre diable regretter, un jour de solde, « de n'avoir pas la somme nécessaire pour « acheter un objet qui lui eût été utile et j'al- « lais la lui prêter, quand un camarade vint « et lui remit sans condition l'argent qu'il ve- « nait de recevoir. Tous mes préjugés tom- « bèrent à l'instant devant ce renoncement et « je reconnus que mon procédé bourgeois « était fort inférieur à celui de cet homme du « peuple. »

Or l'élève, au collège, n'a aucun point de contact avec ce milieu ; à l'école, pas davan-tage et même il y récolte un certain dédain pour celui qui sera plus tard son subordonné ; quand il arrive pour le commander, c'est avec des idées fausses ou l'ignorance sur ce qu'il vaut, et pour peu qu'il commette un impair à son égard, voilà un chef qui sera obéi à contre-cœur. L'inférieur a déjà une préven-tion contre le nouveau venu avec lequel il ne se sent pas en contact ni comme origine, ni comme manières, ni comme opinions ; si on lui parle sur un ton mordant, voilà l'antipathie dûment caractérisée.

De plus, à l'école militaire, l'élève ne peut se rendre compte des fonctions des caporaux et des sous-officiers qu'il aura plus tard à diriger et à contrôler, les cours, études et exercices ne lui en laissent pas le temps ; dans le commandement la plus essentielle des conditions est de savoir quel est le temps nécessaire à l'exécution d'un ordre si l'on veut que celui-ci soit exécutable sans à-coup.

Un autre écueil provient de la sévérité parfois très exagérée avec laquelle sont réprimés les moindres écarts des élèves. On les traite encore en collégiens et il y a une disproportion par trop sensible entre la faute commise et la sanction, de telle sorte qu'une fois dans les régiments ils agissent de même et produisent un affolement tout à fait préjudiciable au cours des choses.

Ceci est si vrai, qu'aux époques de sortie des différentes écoles, c'est une lutte entre les Capitaines-commandants pour ne pas avoir dans sa fraction le produit de l'Ecole directe et les plus acharnés sont généralement ceux qui en sortent eux-mêmes. Le malheureux qui n'est aucunement responsable de cette éducation puisqu'on lui a inculquée, finit presque toujours par échoir au plus jeune chef d'unité à titre de corvée, malgré le tour de placement dans l'ordre des vacances.

Mais son apprentissage ne fait que commencer ; il faut le mettre au courant de tout. Son capitaine, dont il dérangerait toutes les combinaisons, ne lui permet de toucher à rien et c'est dans ce quasi état de tutelle qu'il passe plusieurs années, apprenant le métier pratique dont il ne connaît que la théorie, laquelle diffère souvent du tout au tout. S'il se donne la peine de voir et d'écouter il se débrouille assez vite : mais si le demi-repos dans lequel on le laisse n'est pas utilisé par lui, on ne peut le comparer qu'à un touriste qui croirait connaître les Champs-Elysées parce qu'il les a vus du haut de l'Arc de Triomphe.

Il franchira les échelons de la hiérarchie, sans connaître autre chose que la façade, mais non l'intérieur du bâtiment.

Ce qu'on reproche aux scolaires c'est justement d'ignorer ce qui se passe en bas et encore bien plus, ce qu'on y pense.

Le Général Trochu qui en sortait, disait :

« Les Élèves de Saint-Cyr portés sans pré-
« paration, sans transition des bancs du ly-
« cée aux bancs de l'École y entrent avec les
« habitudes de ce passé d'hier. Il en résulte
« que c'est l'esprit de collège teinté chez ceux
« de la deuxième année de la part très res-
« treinte d'esprit militaire que peut donner
« l'enseignement théorique qui domine dans
« la maison. De là des brimades qui brutales
« autrefois ne sont plus que ridicules aujour-
« d'hui ; de là le dédain et l'aversion qui sont
« de tradition à l'égard des sous-officiers de
« l'armée chargés de la surveillance inté-
« rieure qu'on appelle les bas-off. Les « bas »
« sont forcément obéis, mais leur situation
« aux yeux des élèves ne dépasse pas de beau-
« coup celle des fonctionnaires universitai-
« res qu'au lycée ils appelaient les pions. »
« Je n'insiste pas sur d'autres faits qui
« montrent que l'esprit et les habitudes qui
« se transmettent à Saint-Cyr d'une promo-
« tion à l'autre sont plus scolaires que mili-
« taires et ne préparent pas sérieusement ces
« jeunes gens qui vont tout à l'heure aborder
« le régiment, à l'exercice du commande-
« ment. »

« Un stage régimentaire de quelques mois
« dans le rang aurait pour effet de briser chez
« les admis la tradition écolière. Là rien n'est
« conventionnel et tout est obligatoire. Il faut
« obéir. Il faut servir dans des conditions de
« régularité, de précision, de renoncement
« qui sont les éléments dont se forment l'es-
« prit et les habitudes militaires. Je suis as-
« suré que les étudiants d'hier soumis à cette
« préparation effective peupleraient les Éco-
« les, d'où ils doivent sortir officiers, de
« jeunes hommes pourvus d'un commence-
« ment d'équilibre professionnel qui leur fe-
« rait envisager leur futur mandat sous ses
« aspects les plus sérieux. »

Ce qui précède ne saurait être suspect ;
donc, puisque ce stage est préconisé dans le
rang, il faut au moins qu'il soit non seulement
utile aux candidats, mais encore à l'armée
en leur faisant occuper les emplois qu'ils ignoraient jusqu'ici.

Si, en effet, le candidat déjà reçu ne fait
qu'un stage fixe dont il est sûr de voir le
terme au bout d'un temps donné, comme la
fin en viendra toujours à une date détermi-
née, vous n'aurez rien rompu des traditions

acquises. Si au contraire l'accès à l'Ecole militaire se fait de même façon que l'on procède actuellement pour les Ecoles indirectes, vous y gagnerez d'avoir toujours vos cadres pleins de jeunes gens allants, remplis d'ardeur parce que le résultat est là et dépend d'eux.

Le temps passé au régiment pour un gradé est doré par une demi-liberté qui est précieuse au sortir du collège : le traitement dans les Ecoles d'application est bien plus doux pour un aspirant officier que celui de Saint-Cyr ; il est reçu avec considération et sans brusquerie, il est quelqu'un.

Le stage dans les bas grades sera beaucoup moins long, partant, moins fastidieux, leur donnera connaissance de la troupe et des castes sociales qui ne sont pas la leur et l'on ne verra plus passer sur les voies ferrées ces trains déboulonnés derrière une machine haletante qui font dire aux flâneurs accoudés sur les barrières de la banlieue : « Si nous en faisions autant nous serions traduits en police correctionnelle. »

Il y a un élément hors ligne chez ces jeunes et qui ne peut prendre sa forme par suite même du régime de la maison. Les instructeurs y sont choisis avec soin parmi ceux qui en sortent et quand, par hasard, on déroge à cette règle, ce sont des clameurs assourdissantes. Que n'a-t-on pas dit quand un ministre a nommé une moitié du cadre en provenance de Saint-Maixent? c'était l'abomination de la désolation, la ruine de l'esprit de l'Ecole?

Il n'est pas bon de se perpétuer ainsi en se confinant dans des idées qui restent invariables : tous les éleveurs vous diront que l'alliance en dedans, sans croisements, engendre des produits dégénérescents. La tradition se change en atrophie. Le monde change tous les jours et il faut le suivre dans son évolution sous peine de rester en retard. Du moment qu'il y a encore deux écoles qui ont chacune leur tendance il semble que le plus profitable serait de donner à chacune des cadres sortis de l'autre.

Malheureusement l'esprit (?) de l'Ecole est contraire à cette solution rationnelle et se trouve faussé par une coterie qui s'y forme spontanément et se compose de ceux de ses membres qui ont eu la chance de naître dans la classe supérieure, sans avoir jamais connu personnellement l'adversité. Héritiers de fortune, de noms, de préjugés dont leur manque d'expérience de la vie ne leur a pas permis de constater l'inanité, ils donnent le ton, imposent des manières de voir d'un autre âge, parce qu'ils n'ont jamais entendu émettre d'autres principes dans leur entourage et petit à petit gagnent à leurs idées des camarades dont l'origine et la situation sont tout l'opposé des leurs. Les acclamations sur l'hippodrome de Longchamp achèvent de tourner ces jeunes têtes et, habitués à être traités en enfants gâtés par les leurs et par la population parisienne, sortent de là avec la conviction que tout leur revient de droit. L'habitude de se trouver chez eux partout amène les histoires de logement, les conflits avec la population et une foule d'autres désagréments qui seraient sans cela facilement évités.

Plus tard, vis-à-vis de leurs camarades sortis du rang, ils affectent de petits airs hautains qui souvent ne sont pas de mise dans le parallèle des situations intrinsèques.

L'optique a dévié à ce point que certains d'entre eux prétendaient avoir fait grand honneur au lieutenant-colonel Marchand en le recevant dans leur institution !?!!... c'est le monde renversé.

Est-ce leur faute ? non ; la cause en est à l'absence de toute expérience personnelle et à l'ascendant d'une bande rétrograde à esprit étroit qui déteint sur les cervelles saines. Quand la question de l'avancement se fera sentir plus tard, la conviction de leur supériorité *a priori* ne fera que s'ancrer plus profondément dans leur tête par suite de la façon dont on le leur prodiguera.

A qui s'en prendre ? Mon Dieu, à ceux qui leur rendent le mauvais service de leur inculquer la suffisance. Il n'y a pas de père qui ne trouve ses petits jolis, demandez plutôt au hibou de la fable ; tout professeur, tout instructeur est fier de l'élève qu'il a formé et le malheur est justement là c'est que dans toute école, directe ou indirecte, les adieux se font sur cette base : « Au revoir, amis, maintenant vous n'avez aucune comparaison à craindre avec n'importe qui. » Et tous se croient les premiers moutardiers du Pape. Combien hélas ! faut-il déchanter ensuite ! D'abord ce sont les nouveaux camarades au milieu desquels on se trouve noyé, qui se chargent de vous « asseoir » poliment ; puis les supérieurs qui vous redressent parfois sèchement ; enfin les subordonnés eux-mêmes dont le silence est plus significatif encore à la suite d'un essai intempestif.

Voilà un résultat préjudiciable à tout le monde, car on n'a abouti par ce mode de recrutement qu'à former une pseudo-aristocratie scolaire qui se croit tout dû et que d'aucuns prétendent plus insupportable que celle contre laquelle se fit la révolution de 1789.

Dans le rang, soit parmi les engagés volontaires, soit parmi les appelés, vous trouvez une foule de gens intelligents et instruits; la moitié à peu près des engagés aspirent à l'épaulette; ce sont les recalés de l'école directe qui prennent ce chemin pour arriver à leur but, parce qu'ils sont parvenus à la limite d'âge et ne peuvent plus concourir, ou parce qu'une préparation insuffisante, une maladie, les ont empêchés de le faire. Il n'est pas rare de voir des candidats convalescents, auxquels le médecin a interdit tout travail intellectuel, prendre cette voie. Parfois ce sont des désœuvrés ou des personnes qui se destinent aux carrières libérales, à l'industrie, au commerce, aux arts qui arrivent comme appelés, résolus à partir comme ils sont venus; élite intellectuelle, ils deviennent caporaux, sous-officiers, saisissent le métier et finalement se décident pour la vocation militaire. C'est à ce moment que tout se complique pour eux : le débouché est très lent et rarement il faut moins de six ans au postulant pour atteindre l'épaulette rêvée. On se fait difficilement une idée de l'esprit de persévérance qui est nécessaire pour supporter l'ennui d'un travail toujours semblable, toujours à la merci d'une punition impondérée qui peut d'un seul coup tout compromettre et annuler les résultats de plusieurs années d'assiduité et d'exactitude. Enfin le pas redoutable est franchi, l'aspirant entre à l'Ecole où il retrouve d'anciens camarades de collège, des amis d'enfance, dans les mêmes conditions que lui et qui ont suivi la même filière.

Comme composition, on le voit, les deux Ecoles différentes sont bien pareilles. De part et d'autre, vous y trouverez des fils de ducs, d'industriels, de commerçants, de maréchaux de France, de militaires, de bourgeois, d'artistes, d'artisans, de rentiers, de hobereaux, d'agriculteurs, etc..., et la proportion n'en est pas sensiblement différente dans l'une ou l'autre. Seulement quand votre jeune officier sort du rang, il a l'expérience qui manque à l'autre; comme caporal, il a vu de près le fonctionnement du service intérieur qu'il a fait exécuter à sa troupe, il a servi, comme sous-officier, d'instructeur à cette même troupe, son dressage militaire est donc tout fait, il n'a qu'à opérer une révision qui mettra sur un pied pareil, comme méthode, tous les élèves d'une même promotion. En revanche, il aura négligé pendant plusieurs années les matières qu'il avait apprises autrefois et qu'il lui faudra repasser; quelques-uns devront les apprendre complètement si personne ne les leur a enseignées dans les études plus ou moins brèves de leur jeunesse.

Le parallèle est donc bien facile à faire : à l'école directe le candidat entre bourré de sciences dont la plupart ne lui serviront à rien plus tard, mais qui lui sont imposées pour la plus grande facilité du classement d'admission.

Avec un semblable acquit, il faudrait des examens plus sérieux qu'ils n'ont lieu; l'élève doit tout savoir, bien ! mais il tire une question au sort, y répond et s'en va : toute cette science n'est donc exigible qu'en vue de l'élimination, tandis qu'une série de questions de plus en plus difficiles sur un sujet permettrait de voir ce que l'examiné possède au juste comme savoir : il n'est pas rare de voir leurs propres professeurs se demander comment tel et tel ont pu être reçus.

Mais ce système fatiguerait les examinateurs ! Hé bien, ce n'est pas la peine de se gêner pour si peu; il y a un grand nombre d'excellents professeurs sans emploi, aussi savants que les examinateurs patentés. Si ces derniers répugnent à remplir le devoir pour lequel ils sont rétribués, qu'on les remplace. Chacun y gagnera : l'Etat et les candidats.

L'examen ainsi passé est donc faussé; avec un peu de chance et beaucoup de mémoire, on est reçu, et, au bout de deux années d'études à l'Ecole spéciale, quitte de cette mnémotechnie, l'élève se refuse absolument à tout travail intellectuel, il en a assez.

L'aspirant officier par le rang, lui, a eu le cerveau à peu près dégagé pendant son stage militaire et c'est au contraire à l'Ecole qu'il faut compléter son instruction sur tout ce qu'un officier ne peut pas ignorer. L'un a donc tout à apprendre de l'état militaire, l'autre à refaire ses humanités. Aussi qu'arrive-t-il souvent ? l'officier sorti du rang se met à travailler après avoir gagné son épaulette, tandis que l'autre, au contraire, prend le contrepied par suite du surmenage antérieur. Napoléon fondant le Saint-Cyr actuel trouvait déjà les programmes trop chargés, et abusif qu'on demandât quelques connaissances des sciences exactes aux futurs médecins : « Exiger d'un jeune homme, disait-il, des connaissances si diverses pour l'admettre dans une carrière, c'est risquer de priver l'Etat des grands hommes que cette carrière pourrait produire un jour. » Il faisait donc appel au sens pratique, aujourd'hui complètement relégué.

Mais si on abaisse encore la limite d'âge, ce ne peut être que préjudiciable à la santé des candidats chez lesquels la fièvre typhoïde fera des ravages.

Ne vaudrait-il pas mieux, puisqu'on veut une commune origine, adopter franchement le procédé qui consiste à incorporer d'abord les candidats, les faire passer par les bas grades et se présenter comme aspirants ainsi que cela se passe dans les corps de troupe ? Notez que cela ne préjuge en rien de l'instruction préalable avec laquelle ils arriveront; car votre examen porte sur toutes les matières qu'il vous plaira d'insérer au programme et l'on prendra sur la liste le nombre de candidats dont on aura besoin; seulement il ne faut pas « sécher » un candidat parce qu'il ignorera une question posée. L'admission, portant sur le nombre de points acquis, le candidat aura à parfaire son instruction sur le chapitre ignoré une fois entré à l'Ecole : si toutefois cette matière y est exigible comme faisant partie du bagage indispensable à tout officier. Rien n'empêche de donner l'enseignement que l'on voudra, voire même la musique et la danse si on le juge à propos. Vous aurez donc dans une seule école ce que vous fractionnez aujourd'hui dans plusieurs. Une sera insuffisante, mais les locaux ne manquent pas : dans le premier établissement vous recevez les élèves de 1 à n; dans le deuxième, ceux de n + 1 à r et ainsi de suite, ce qui permet de donner à tout ce monde la place nécessaire aux examens de sortie devant la même commission.

On y gagnerait de laisser souffler un peu
les jeunes hommes à la fin de leurs études, de
les vivifier par les exercices physiques prédo-
minants dans l'armée active, avant de leur
faire entreprendre une seconde période scolaire plus sérieuse et plus décisive sur leur
carrière définitive.

Il est douteux que la chose aille toute seule,
car les préjugés d'école dont il était question
tout à l'heure sont encore très vifs et pour
preuve l'exemple qui suit servira à le démontrer.

Pendant la pose d'une première pierre, deux
colonels se rencontrent, ils étaient camarades
de promotion à Saint-Cyr, et se remettent à
causer.

— « Qu'est-ce que tu fais ?

— Je commande une école d'élèves-offi-
ciers.

— Qu'est-ce que tu leur fais faire ?

— Tout ce que nous faisions à Saint-Cyr,
c'est le même programme.

— Alors, tu es content ?

— Que veux-tu faire avec des gens qui
n'ont qu'une demi-instruction ? »

Vous vous figuriez peut-être qu'on s'instruit

tous les jours ? hé bien, pas du tout. C'est au bout du parc de Versailles seulement qu'on apprend, qu'on sait tout.

Pendez-vous, académiciens, sorbonniens, juristes, musiciens, artistes, etc..., le mot est profond : vous n'avez qu'une demi-instruction. Gounod ignorait la musique et Bonnat ne sait pas faire un portrait : ils ne sortent pas de là-bas !

Est-ce qu'un de ceux qui en viennent n'a pas eu le front de me dire que les polytechniciens ne sont pas plus instruits ! ! !

L'intransigeance ne réside pas là seulement, voici un autre exemple : Un général venait de voir son fils reçu à une école indirecte ; un officier de la garnison voisine qui s'était trouvé sous ses ordres, va lui faire une visite et le félicite de cette nomination qui faisait son fils sous-lieutenant dans le délai d'un an : « Il est reçu, répond le général, mais il entre par la mauvaise porte ! » une moue de dédain ponctua la phrase, un long poème n'en eût pas dit davantage.

A un dîner de réception, un capitaine de cavalerie dit tout haut que « quand on a été sous-officier, cela se sent toujours », l'invité était justement dans ce cas. La réponse ne se fit pas attendre, un des camarades lui demanda combien il dépensait en eau de violette par an. (La famille de l'intrus économisait l'eau de sa concession au point d'avoir les oreilles noires.)

Un autre jour un capitaine d'infanterie déclare (devant des gens de son bord heureusement) que celui qui ne sort pas de l'école directe n'est pas un officier...

L'homme bien élevé ne crache jamais sur les marches de l'escalier qui le conduisent au faîte et il est on ne peut plus regrettable qu'à une époque de revendications sociales on donne aussi inconsidérément des griefs à une moitié du personnel.

Si l'on choisissait comme professeurs des hommes pondérés, officiers blessés ou ayant besoin d'un repos momentané, mais à coup sûr hommes d'expérience, de semblables sottises ne se produiraient pas. Le premier reçut un cartel, mais invoqua ses convictions religieuses pour ne pas se battre.

Un autre, sous prétexte qu'il avait fait des mathématiques spéciales prétendait en remontrer au médecin du corps dans une question médicale. L'Esculape impatienté riposta :

« Soit x l'Ecole,

p le programme de l'enseignement,

et q l'élève :

$$x^2 + p\,x + q = 0. \text{ »}$$

C'est un travers, personne n'est parfait, mais il est juste d'ajouter qu'une chose fait le plus grand honneur aux Saint-Cyriens, c'est qu'ils prônent toujours le « Bazar » (une fois qu'ils en sont sortis); trop, selon beaucoup de gens.

On a objecté qu'il serait impossible de demander aux candidats du rang ce qu'on exige des élèves à Saint-Cyr. On demande aux simples soldats des choses bien autrement dures et quand Guy, Gontran et Gaston sauraient plus tard montrer à leur palefrenier le pansage d'un cheval ou la corvée d'écurie, il n'y aurait pas grand mal. La vérité est que le gradé est moins malléable que le collégien, il a sa tête et c'est sans doute pour cela qu'on préfère la souplesse des autres : le grand art de la conduite des hommes consiste justement à utiliser tout le monde.

La donnée du rétablissement de l'Ecole directe, dans le cerveau de Napoléon était une sorte de four scolaire militaire qui lui aurait procuré périodiquement des fournées d'officiers qui commençaient à manquer dans la ligne par suite du boulet et du passage dans la garde impériale et que les corps de troupes qui s'épuisaient ne pouvaient plus fournir en totalité : sorte de peloton modèle entre quatre murs, elle n'avait guère le temps de voir moisir ceux qu'elle pétrissait. En 1813, on bombardait sous-lieutenants les élèves de rhétorique du lycée Louis-le-Grand, si bien que l'un d'eux prétendait être arrivé à Dresde, juste pour envoyer dans l'état-major allié le boulet qui coupa les deux jambes de Moreau. Cloué pour ce fait d'armes sur une de ses pièces, par une baïonnette autrichienne, emmené prisonnier en Hongrie, il eut l'imprudence de demander des confitures à l'infirmière. Celle-ci, étant religieuse, se dit : « Il veut dire *confiteatur !* ces Français parlent si mal le latin ! » et elle alla lui chercher l'aumônier !...

La conclusion est donc que d'un coup on peut réaliser deux avantages : le premier, l'unité d'origine; le second, l'amalgame entre ceux qui commandent et ceux qui obéissent. Il est incontestable qu'aujourd'hui le chef issu de la troupe, lorsqu'il a fait montre de son savoir-faire (la troupe ne se livre jamais avant à qui la commande) en tire tout ce qu'il veut et plus encore; on en est fier et on dit : « il est des nôtres », et il est touchant de voir les petits soins qu'on a pour lui. Pourquoi ne pas se servir de cet avantage qui est primordial? Dans ces conditions la discipline y gagne au plus haut point; l'ascendant moral entraîne tout et la confiance aveugle en est la conséquence. Pas de tergiversation, la subordination absolue au point que les punitions sont une exception. Un jour, le capitaine d'une fraction voisine est nommé commandant; la troupe d'à côté, rivale de l'autre, voit venir son chef pour le service journalier et l'appelle d'elle-même : « Mon commandant ». Il fallut que celui-ci fît la leçon à ses sous-ordres, pour eux leur chef méritait le grade.

Les deux Écoles ont du bon et du mauvais; à ceux qui s'opposent à l'origine unique, il n'y a qu'une réponse à faire : Vous voulez des officiers, de bons officiers? Vous avez le droit d'y compter, car l'armée française est *exceptionnelle*, elle vous donnera tout ce que vous lui demanderez et au delà; tous les éléments les plus divers passent dans ses rangs; vous êtes donc en droit de compter même sur l'invraisemblable, le tout est de le mettre en lumière et de l'utiliser par tous les moyens. Or, tant qu'il y aura deux origines, ceux qui sortent de l'Ecole directe (et qui par suite de l'avancement qui y est encore inhérent, arrivent) choisiront toujours les issus de leur école; vous maintiendrez deux catégories rivales dont l'une prétend à tout et l'autre ne peut prétendre à rien ainsi que nous le verrons dans le chapitre traitant de l'avancement.

Mais, étant donné le nombre nécessaire, vous ne pouvez suffire avec l'Ecole directe seule. On a eu beau forcer le nombre des admissions de 300 à 550, il a fallu le réduire sous la pression de la clameur publique et par suite d'une constatation de moindre aptitude professionnelle.

Donc, puisque vous ne pouvez vous passer des officiers sortis du rang, c'est l'autre catégorie qu'il faut supprimer pour le bon ordre, pour l'harmonie indispensable et le recrutement des bas cadres : d'autant plus que le rang vous fournit en outre le plus clair de vos offi-

ciers de la réserve et ceux-là sont irrempla-
çables. Enfin, vous avez beau faire, il ne s'agit
pas de savoir si le poisson sera mangé, mais
à quelle sauce il le sera. Devant le service restreint, le bas gradé professionnel se fera de
plus en plus rare; il vous faut des caporaux et
des sous-officiers et vous n'avez pas d'autres
moyens d'en avoir. Nécessité fait loi.

On a prétendu que l'autorité supérieure préférait une double origine afin de diviser pour
régner. Ceci ne soutient pas la discussion.
A qui fera-t-on croire que cette maxime de
Machiavel est d'une application nécessaire
dans une carrière embrassée par des gens qui
ne demandent qu'à marcher dans le sens des
ordres qu'ils reçoivent ?

Nous n'avons au contraire dans notre pays
que trop de motifs de division pour ne pas
chercher à unifier partout où la chose devient
possible.

Souvenons-nous que la soudure des diverses
provinces s'est faite par l'armée qui entre pour
une bonne part dans l'unité nationale. Le
conscrit envoyé de Bretagne en Lorraine,
de Flandre en Provence, de Normandie en
Gascogne, de Paris en province, en est revenu

avec l'impression qu'il n'y a pas que les coutumes de sa localité et que les mœurs et usages des autres ont du bon. La fusion a commencé là-dessus, les chemins de fer ont fait le reste et n'était la situation économique, on pourrait être amené à regretter que la dépaysation ne soit pas plus complète par le présent.

Il y a, je le sais bien, les « revenant-bon » des ordinaires qui font les gains sur ceux qui, le dimanche, vont voisiner dans leurs familles, mais la transplantation est autrement profitable et, depuis le jeune scythe Anacharsis, les voyages ont toujours formé la jeunesse.

Unifiez l'origine de vos officiers et quand vous aurez pris dans la troupe tout ce que vous y trouverez de bon, vous aurez un corps sans pareil et inépuisable.

Il y a cent ans, nos maréchaux sortaient de la troupe et nous gagnions les batailles ! Des gens mal intentionnés, sans doute, prétendent que depuis qu'ils sortent de l'Ecole, nous ne recevons plus que des piles. « Ils avaient fait la guerre longtemps », me direz-vous ! j'en conviens facilement, mais il ne vous est pas difficile de faire passer vos divers éléments à la guerre, nous verrons ceci tout à l'heure.

ACCESSION

L'accession au grade d'officier doit se faire sur un programme d'examens précis, qui reste à déterminer, mais ne semble pas devoir comprendre au delà de ce qui est nécessaire à un bon sous-officier de troupe, pour conduire, instruire et administrer celle-ci. Ajoutez-y des majorations pour les sciences, lettres, arts d'agrément, langues étrangères (avec coefficient augmenté pour l'allemand, si vous voulez). Cette langue sera obligatoire à l'école et fera l'objet d'une étude *sérieuse*, mais il n'empêche que l'ancien examen de Saint-Cyr comportant cinq langues facultatives était une trouvaille. Il n'y a pas que l'Allemagne à nos portes.

Le surplus sera enseigné dans l'école même où les candidats, comme il a été dit, seront là surtout pour parfaire une instruction personnelle générale.

Qui concourra ?

Là est le vrai point d'interrogation dans cette innovation, faut-il prendre les sous-officiers d'abord et seulement ? faut-il y admettre les caporaux ? J'en serais assez d'avis, car il n'y a pas de caporal qui ne supplée son sergent à un moment donné et n'en connaisse le service s'il devient nécessaire de le faire. La majoration attribuée au grade est déjà intronisée, ainsi que celle du temps, des services et des exercices physiques de toute nature.

Cette manière de faire amène des conséquences qui sont les suivantes : il faudrait que dans chaque fraction de régiment qui pourrait être le bataillon ou l'équivalent selon les armes, il fût fait des cours suivis par les candidats à titre surtout d'entretien et de revision, à des heures ne gênant pas le service, par des officiers dispensés de toute autre sujétion que l'exercice ou la manœuvre. Ceci assure un travail régulier, peu long, mais soutenu aux candidats et leur permet de rester en haleine en vue du concours auquel tous peuvent prendre part; il leur évite en outre de traîner le pavé de la garnison, avec toutes ses conséquences.

Les épreuves d'admissibilité auraient lieu le même jour, à la même heure dans chaque garnison, sous la surveillance d'officiers de corps étrangers à la garnison et les épreuves orales devant une commission se transportant comme cela a lieu actuellement. Le reste comporte des questions de simple détail.

Pour clore cette longue digression sur le genre d'accès à l'épaulette, on peut évoquer ce vœu du général Trochu : « L'Ecole poly-« technique, tout entière à son rôle de grande « école de la science française échapperait à « la destinée qui l'attend, d'être submergée « par les exigences croissantes du recrute-« ment des armes spéciales, surtout des offi-« ciers d'artillerie. »

Or, de quoi est-il question en ce moment? justement de ce qui était demandé il y a vingt ans par un homme qui y voyait clair, puisqu'on est arrivé successivement à tout ce qu'il indiquait : rengagement, habillement, logement des sous-officiers, cercles, etc..., vous voilà aujourd'hui voués à la suppression de Saint-Cyr; demain ce sera la transformation de Polytechnique en école d'ingénieurs de l'Etat, à moins que vous ne préfériez les choisir par voie de concours parmi les élèves de Centrale : ce qui est encore un moyen comme un autre.

SOUS-OFFICIERS ET CAPORAUX

Le recrutement des sous-officiers et caporaux se ferait normalement, ainsi que la filière le démontre et si par hasard, les candidats venaient à être clairsemés, il y aurait toujours un appoint sûr dans les écoles d'enfants de troupe, l'orphelinat militaire et le prytanée et vous serez bien certains de ne jamais en manquer ; il y en aura plutôt trop et peut-être serait-on amené à étendre le droit de concours pour les simples élèves-caporaux aux écoles d'officiers.

Dans ces conditions, le nombre des sous-officiers rengagés sous la forme actuelle diminuerait sensiblement et comme nous cherchons les économies, on serait amené à en réaliser probablement. Il ne faut pas oublier en effet que les primes de rengagement, modiques individuellement, produisent en leur totalité un chiffre considérable ; si chaque particulier gagne peu, en revanche l'Etat paie beaucoup et jusqu'ici on avait rengagé avec engouement beaucoup de gens dont on s'est montré par la suite moins satisfait. Or en deux ans beaucoup de vos cadres inférieurs auront disparu pour entrer à l'Ecole et seront remplacés par d'autres candidats qui ne vous coûteront pas davantage.

Tout le monde doit deux ans de service, donc il n'y a que les gradés entamant leur troisième année de service qui commenceront à recevoir une haute paie (et une prime si vous le jugez à propos, mais on peut s'en tirer autrement). D'abord dans la troisième année de service il y aura encore des candidats officiers en nombre variable et pour les autres il suffit de se reporter aux prévisions du général prophète : « De l'indemnité de rengagement une « part serait immédiatement acquise aux « sous-officiers qui se seraient rengagés sous « la déclaration écrite qu'ils contractent pour « être sous-officiers...

« L'indemnité ne serait pas due aux sous-« officiers rengagés sous la déclaration qu'ils « contractent pour être officiers. »

L'application est limpide.

Reste à fixer la haute-paie de la troisième année et des suivantes jusqu'à un maximum donné qui ne sera pas dépassé, la renonciation de candidature à l'Ecole faisant passer le sous-officier dans le cas numéro un avec primes et solde afférentes.

Il est à peu près certain que les aspirants avec les majorations de services atteindraient rarement la 4e année, improbablement la 5e, par conséquent, ils pourraient toucher 1/3 en sus la 3e année, 2/3 la 4e, ce qui les mettrait dans de bonnes conditions pécuniaires.

Il n'y aurait donc qu'une portion minime de rengagés avec prime ce qui allégerait d'autant le budget.

LA TROUPE

La troupe sera à peu près la même, puisque comme nous l'avons vu plus haut, les soldats de 3e année sont oiseaux rares dans le rang : on les montre avec orgueil aux étrangers de marque, comme Napoléon et Alexandre se présentaient leurs grenadiers à Tilsitt, mais c'est seulement pour bien faire voir qu'il y en a encore.

En tous cas, l'objection de n'avoir que deux classes sous les drapeaux, n'est pas très sérieuse puisque les deux dernières font à peu près 280.000 hommes, non compris les cadres et les engagés volontaires, la légion étrangère, les bataillons légers, etc...

La mobilisation intérieure peut être complétée par la convocation des réserves prévue dans l'année.

Les armes à cheval ne sont pas un *impedimentum*, nous l'avons vu, donc tout semblerait marcher à souhait, s'il n'y avait pas ce fameux grain de sable qui arrête tous les rouages et cause la résistance.

LES ORDONNANCES

L'ordonnance est la pierre angulaire de l'édifice militaire actuel et la base de tous les conflits passés, présents et futurs : si l'on repousse avec acharnement le service de deux ans, c'est parce qu'il faudra tous les ans changer d'ordonnance.

L'officier garçon, lui, s'en moque pas mal; en huit jours, l'homme est au courant de la maison, des heures, des objets à nettoyer, mais il est gauche, il n'est pas formé. C'est un dressage de quatre mois au moins sur douze qu'on le possédera, si l'on est marié, et madame n'est pas contente d'avoir à recommen-

cer cette besogne chaque année à la même
époque.

Les vues sur l'ordonnance futur sont jetées
sur la recrue dès son arrivée et on le couve
des yeux jusqu'au moment où il est débrouillé
et versé dans le rang; alors il vient quand il
en a la latitude prendre des leçons de son prédécesseur.

La hiérarchie existe parmi les ordonnances,
le plus ancien des deux se fait appeler M. Ju-
les ou M. Albert, si tel est son nom et reçoit
des marques extérieures de respect ni plus ni
moins que s'il possédait un grade supérieur;
il en profite pour faire faire à l'autre tout son
service et se croiser les bras.

Un chef de corps avait ainsi : un cocher, un
cuisinier, un valet de chambre, un maître
d'hôtel, un concierge, un jardinier, sans
compter l'ordonnance qui pansait les chevaux et le planton qui portait les ordres et les
invitations à dîner.

Dans un régiment de cavalerie, trois recrues étaient désignées dans le même escadron pour servir de cochers aux officiers de
l'état-major du corps d'armée, qui n'attendaient que le terme de leur instruction mili-

taire. Ils étaient encore modérés, ces braves rétamajors, car le fait suivant s'est produit : un réserviste arrive par convocation et déclare ignorer toute notion militaire :

— « Qu'étiez-vous ?

— Ordonnance du colonel.

— Vous n'avez jamais fait de classes ?

— A mon arrivée au régiment, comme j'étais valet de chambre, j'ai été pris pour ordonnance. »

Vous concevez dès lors le rôle que joue l'ordonnance dans la vie représentative; aussi tout officier de troupes se fait servir facilement, mais si, par hasard, un officier sans troupes, en possession d'un cheval en demande un à un corps de cavalerie, c'est à qui ne lui en donnera pas, sous les prétextes les plus divers. Un lieutenant en aura deux, mais un intendant n'en trouvera pas.

Ceci élevé à la hauteur d'une institution, produit des résultats bizarres : un gentleman avait dressé toute sa troupe à lui servir d'ordonnances.

Et les pauvres diables ne sont pas toujours dans des conditions brillantes, tant s'en faut : un très haut gradé, riche par lui-même et qui, par économie, ne donnait que des dîners d'hommes, invitait seulement les dames pour prendre le café; un jour un particulier prit à son service, comme valet de chambre civil, l'ancien ordonnance qui servait à table. Celui-ci lui avoua qu'il n'avait pas de chaussettes et servait pieds nus dans ses souliers. Le bourgeois compléta sa garde-robe. Dans beaucoup de maisons les ordonnances mangent la soupe du quartier avant de servir un dîner où ils passent des truffes!...

Aussi le service à court terme provoque-t-il une levée de boucliers; il y a cependant une manière bien simple de résoudre la question : l'ordonnance est indispensable pour l'officier qui ne peut lui-même cirer ses bottes, panser son cheval, faire son ménage et son service en même temps. Sous le Premier Empire, on avait les domestiques qui encombraient les convois, ne trouvaient pas toujours à vivre, et, n'étant pas militaires, provoquaient un embarras au point de vue de la police des étapes.

Puisqu'il faut un *officieux*, n'est-il pas préférable de l'avoir militaire et comptant dans le rang? La *commission*, qui a été inventée dans ce but donne aux ordonnances qui continuent à servir, des émoluments fort convenables; elle les empêche d'attendre longtemps une place civile qui ne vient pas et assure à l'Etat un certain nombre de soldats qui rentrent dans le rang les jours de prises d'armes. Seulement il ne faut pas d'excès de zèle, ni leur faire recommencer chaque année l'exercice des recrues, sans quoi ils s'en iront.

En s'arrêtant à ce procédé qui n'est pas assez divulgué encore, on doit pouvoir tabler sur une assiette sortable au sujet de cette question tant controversée.

Au demeurant les résistances touchant le service de deux ans ne sont que théoriques.

D'abord nous copions servilement la Prusse sans voir si les mesures adoptées cadrent avec nos institutions, nos mœurs et *surtout* notre manière de voir.

La Prusse a adopté depuis huit ans, le service de deux ans, nous aurions dû la suivre beaucoup plus tôt dans cette voie.

Le Pays se figure que l'active est hostile à cette innovation et en cela il se trompe absolument; la mesure a été proposée depuis longtemps par des officiers de troupe qui se rendaient parfaitement compte de la mesure et de ses conséquences. Ce sont eux également qui ont émis l'idée de réduire à 15 jours la convocation des réserves; il est évident que si ce laps de temps remet un territorial en haleine, il doit suffire au réserviste. Seulement le vent ne soufflait pas de ce point cardinal au moment de la proposition et les innovateurs se sont vu barrer l'avancement. Les autres n'ont pas osé reproduire la motion.

Il y a un point certain acquis par l'expérience, c'est l'avis des généraux du Premier Empire, auxquels personne, j'espère (je n'en suis pas bien sûr, car ils sortaient du rang), ne contestera la compétence en cette matière.

L'un d'eux, ami et serviteur du roi Joseph Napoléon en Espagne, disait ce qui suit :

« Pendant toutes les campagnes en Espa« gne, les meilleurs contingents étaient :

« La garde impériale;

« Les Suisses,

« Les soldats d'un an.

« La garde, magnifique, irréprochable au « combat, se montrait insupportable dans les « cantonnements, par ses exigences de bien« être.

« Les Suisses, braves et soumis, lui étaient
« préférables sur beaucoup de points.

« Les soldats d'un an étaient dociles, bien
« instruits et ne laissaient rien à désirer... »

Si ce diagnostic a été tiré par des gens de
métier, il doit être juste; et sans chercher
loin, il est évident que la recrue entraînée dès
le premier jour, se montrera beaucoup plus
perçante, si elle entrevoit à délai rapproché
la fin du régime de caserne. Elle est exercée
tous les jours pendant sa première année;
l'an qui suit, elle n'est plus exercée qu'un jour
sur deux par suite du service.

Le Français n'est pas compassé comme
l'Allemand, il n'aime pas la règle fixe, le tempérament le veut ainsi.

L'atavisme des Gaulois et des Francs est là;
servir avec le chef de son choix et ne pas
être enfermé entre quatre murs. Menez-le à
la guerre, il restera, c'est ce qui explique la
variété multiple des francs-tireurs.

Puisqu'il faut l'encadrer malgré tout, la
discipline ne peut que gagner au service minimum.

On n'arrête pas un train en attachant une
corde au fourgon de queue et en tirant des-

sus : on est entraîné malgré soi et on se fait
raboter les genoux; le plus sûr moyen d'abou-
tir est de monter dans le train et de gagner
la machine qui vous rend maître du méca-
nisme.

Au demeurant, il y a plusieurs moyens de
refaire une loi militaire; nous avons vu que
chez les anciens, le service était dû pendant
plus longtemps encore que de nos jours.

Or, ce que nous désirons, pour l'instant,
c'est une loi économique et ce n'est pas facile,
puisqu'en raison de la réduction du temps, il
va falloir probablement payer plus cher.

Nous avions jadis le remplacement, le vo-
lontariat d'un an, la pension dans les écoles,
aujourd'hui plus rien ! Ce n'était pas une
somme énorme, mais enfin cela constituait un
petit boni qui n'était pas à dédaigner.

Les remplaçants vendaient leur peau (le
commerçant offre ce qu'il peut à sa clientèle),
mais il ne cambriolait pas les coffres-forts et
n'estourbissait pas les pantes attardés; le volontaire d'un an payait à peu près son entretien, ainsi que le scolaire.

Aujourd'hui, nous cherchons à tondre un
œuf, décidément; plus les principes sont

grands, plus on les paie : le prix est proportionné à la taille comme dans la confection.

La loi de deux ans, stricte pour tout le
monde, est beaucoup plus juste *a priori*, mais
offre ce moindre inconvénient de l'indemnité
aux familles dont les soutiens sont au service.
Or, ici, il faut ne pas lésiner et donner une
somme qui soit en rapport avec la perte su-
bie. Voilà qui sape un peu l'économie. Nous
avons vu plus haut que les hommes auraient,
ipso facto, leur petit mois de congé, je n'y
reviendrai donc pas.

En tout cas :

RECRUTEMENT DES OFFICIERS

Les candidats officiers ou assimilés sont
pris parmi les gradés et élèves-gradés des
régiments, ayant au moins un an de présence
dans le rang, par voie de concours général.

Des écoles d'application les reçoivent suivant l'arme ou le service auxquels ils appar-
tiennent :

> Infanterie,
> Cavalerie,
> Artillerie,

Génie,

Train,

Administration,

Ecoles médicales et vétérinaires.

Tout élève dont les impositions de la famille démontrent les moyens pécuniaires paie une pension de 1500 francs par an, les autres sont l'objet de demandes de bourses et reçoivent à leur nomination une première mise d'équipement.

RENGAGEMENTS

Les rengagements sont d'un an après les deux années de service et renouvelables jusqu'à l'âge de   ans.

Tout rengagé qui veut quitter le service avant l'expiration de son rengagement fournit un remplaçant.

Les jeunes gens qui se destinent aux écoles civiles doivent accomplir leur service militaire soit avant, soit après leur admission, à leur choix. Cependant *comme ils doivent être sous-lieutenants de réserve,* faculté leur est accordée de se faire remplacer au bout d'un an.

Les officiers de réserve et de territoriale ne forment qu'un seul corps indistinct dit « officiers de la réserve » où les individualités reçoivent la destination et les fonctions en rapport avec leurs aptitudes. S'il y a des différences dans la longueur des convocations, celle-ci est en raison de l'âge de l'officier et du ban dans lequel il serait classé d'après cet âge. En conséquence, ils sont divisés en deux bans : ban de réserve, ban territorial. Les demandes pour passer du premier dans le second ne sont accordées que quand le remplacement dans la fonction est assuré.

Le ban de réserve a droit au quart de place, le ban territorial a droit à demi-place sur les réseaux ferrés. Les compagnies ont plus d'avantage à véhiculer à prix réduits des voyageurs que des wagons vides. Quant à l'usage que fera le bénéficiaire de cette latitude, ceci le regarde : on lui donne la compensation de sa disponibilité.

Les officiers du ban de réserve sont convocables par les corps actifs dont le leur ressort, lorsqu'il y a urgence ou pénurie d'officiers actifs sans toutefois excéder le temps auquel ils sont tenus par la loi.

Ceux du ban territorial sont convoqués d'urgence en cas de changement d'armement ou de tactique; et de bonne volonté, s'ils y consentent, pour faire le service d'actifs absents.

Les officiers qui, par leur provenance de l'armée active, feraient partie du cadre de réserve sont exempts de convocation en dehors des changements d'armement et de tactique. Ils sont quittes de toute obligation au bout de cinq ans de disponibilité, si, à ce moment, ils ont parfait 30 ans de service ou 50 ans d'âge.

SERVICE RIGOUREUX

Les hommes de troupe, quelle que soit l'époque de leur entrée au service, même ajournés, ne peuvent être classés dans l'armée territoriale qu'après avoir accompli le nombre de jours de service actif et de rappel afférent à leur classe normale.

La loi militaire n'est appliquée qu'aux hommes *présents* sous les drapeaux (comme dans la landwehr allemande).

En dehors des convocations de service, il.

n'y a aucune assimilation de grade ou hiérarchie.

Les convocations sont de 15 jours dans la
réserve; elles sont supprimées pour la troupe
territoriale, sauf le cas de changement d'armement ou de tactique.

LES POMPIERS

Ici se place la question des pompiers si souvent remise sur le tapis dans ces derniers
temps. Ces hommes sont à tout moment prêts
à marcher et accomplissent un service utile
pour lequel ils n'ont que des rétributions dé-
risoires. Il y aurait là un progrès économique
à réaliser d'une manière assez simple.

Cette troupe ne peut pas être illimitée sans
quoi tout le monde s'en mettrait pour éviter
certaines charges militaires; mais, d'un autre
côté, leur constitution est indispensable. Il n'y
a qu'à la former dans une certaine proportion
eu égard au pour cent de la population. Le
choix en serait fait devant une commission
composée du général commandant la subdivision territoriale ou son représentant, un
officier supérieur des sapeurs-pompiers de

Paris et le maire de la commune. Une petite commune fournirait une demi-section ou une section, plusieurs sections formeraient une compagnie et dans chaque département plusieurs compagnies, un bataillon. Les grosses communes comme les grandes villes peuvent mettre sur pied, selon la population, une ou plusieurs compagnies. Selon le département, le bataillon comprendrait plus ou moins de compagnies; ce sont des catégories que vous avez déjà employées en 1870-1871 sur beaucoup de points comme génie auxiliaire, bien heureux de les avoir!

La commission les choisirait en constatant leurs aptitudes militaires et spéciales et, en outre, par rang d'âge de façon que la majeure partie soit classée dans la territoriale, ou, à défaut dans la fin de son temps de réserve.

Le nombre déterminé par le pourcentage arrêterait la liste officielle des privilégiés ce qui n'exeluerait nullement les volontaires en surnombre qui seraient candidats aux vacances. Tous ceux qui en font partie sont des spécialistes du bâtiment ; en conséquence ils ne seraient astreints à une période que dans le cas prévu pour les territoriaux, sauf s'ils quittent leurs fonctions ; placés sous les ordres du Général commandant la subdivision en cas de mobilisation et convocables par le préfet. Leurs périodes éventuelles s'accompliraient dans le génie ou aux sapeurs-pompiers de Paris, selon la résidence (département de la Seine).

Vous me direz que c'est une sorte de garde nationale ! mais vous voyez bien depuis le commencement que nous n'inventons rien et qu'il faut puiser partout dans ce qu'il y a eu de pratique antérieurement et qui nous est actuellement adaptable.

Vous cherchez des économies ! hé bien ! voilà d'abord une économie d'habillement, les pompiers sont habillés par leur commune ! ensuite voilà du génie auxiliaire tout trouvé. Enfin la dispense des convocations est un biais sortable ; en outre économie de solde pour la convocation sautée, et de plus le corps particulier formé sur lui-même (toujours les francs-tireurs).

La question des officiers surgit. On peut leur faire passer un examen de garantie militaire et les classer officiers au titre des réserves. Il n'est pas admissible qu'un officier de pompiers soit demain caporal de réserve. J'ai vu le fait : la veille les adjudants de la garnison lui devaient le salut et le lendemain il le devait aux sergents.

Si l'on prend des mesures tendant à l'uniformité, ce qui est fort judicieux, il faut au moins prendre cette solution pour tous les cas.

CONVOCATIONS

Il ne faut pas vous y tromper : moins l'effectif de votre active sera nombreux, plus il vous faudra de périodes de rappel, non pas en permanence (il n'y aurait plus d'économie du tout) mais en certains cas de troubles, et surtout s'ils se produisent à certaines époques de l'année.

Il est donc urgent que la loi donne le droit de rappeler à tour de rôle et au fur et à mesure des besoins les classes dont c'est le tour de marcher ; vous voulez le service le plus réduit, vous avez raison dans le principe, mais voilà une de ses conséquences qui apparaît immédiatement. Le ministre ne vous a-t-il pas prévenu que plus le temps actif se réduit, plus les convocations s'imposent ?

Mais vous n'êtes pas au bout ! les classes rappelées pour les troubles doivent rester tant que ceux-ci ne sont pas terminés, quitte à défalcation du temps passé en plus comptant sur la période suivante ; d'où conclusion fatale, les classes ne peuvent pas être datées d'une façon fixe ; elles ont un tour de service, qui peut être par exemple réglé au commencement de chaque année par voie de publicité (affiches et journaux).

CONGÉS SANS SOLDE

On a commencé à réaliser une économie par les congés sans solde, mais il ne faut pas que ces congés interrompent l'ancienneté des officiers qui les ont demandés. Ils servent leur pays par leur fortune comme d'autres le servent par leur présence, et d'ailleurs nos cadres sont plus nombreux qu'il n'est nécessaire pour le service qu'on leur demande. L'entreprise est bonne, mais on l'a faite maladroitement. Vous n'avez pas de congés sans solde, parce que vous arrêtez l'ancienneté. Or, il y a en ce cas, avantage à se faire mettre en non activité avec demi-solde.

Faites courir l'ancienneté pour les congés sans solde et vous en aurez.

SERVICE A L'ÉTRANGER

Ce n'est pas tout que d'avoir un congé sans solde, il faut encore savoir s'en servir. On en est venu à ce système dont personne ne voulait entendre parler il y a quatre ans, c'est déjà une amélioration ; mais, combien n'ont-ils pas demandé en 1898 des congés d'un an (on ne donnait pas davantage à cette époque) lors de l'explosion de la guerre au Transvaal ? Il est hors de doute que le miiltaire qui eût fait cette guerre qui expérimentait des armements dont nous ne connaissons encore que la valeur théorique, en fût revenu avec un acquit professionnel et autre, précieux pour son pays comme pour lui-même. On a beau servir des étrangers, on n'en fait pas moins l'étude de son métier. Les Anglais et les Américains, au bout de cinq ans d'exercice dans leur grade sont placés en disponibilité ; ils ont même une demi-solde et s'exportent (les Anglais surtout) aux quatre coins du monde. N'avons-nous pas trouvé, à Madagascar, un

Willoughby à la tête de l'armée malgache !
et Gordon au service de la Chine et Kitchener
au service de l'Egypte ? De Moltke avait été
au service de la Turquie. Qu'est-ce qui nous
empêche d'agir de même, si nos officiers
consentent à faire leur apprentissage de
guerre à leurs frais ?

Une fois le tour venu, vous trouverez facilement des gens riches ou des caractères aven-
tureux qui ne demanderont pas mieux que de
parcourir du pays et si quelqu'un n'a pas
le moyen de se payer ce luxe, il y aura bien
un voisin pour changer de tour avec lui. Nous
sommes beaucoup trop casaniers dans notre
sphère ; personne ne quitte la France, il faut
pousser la jeunesse à l'expansion. L'armée
française piétine sur place et s'encroûte ; ses
éléments qui sont hors ligne ne peuvent que
gagner au mouvement. D'ailleurs depuis longtemps il en est question dans les causeries entre officiers français et la question est à l'étude
d'une manière plus étendue qu'on ne le croit.

L'ARMÉE COLONIALE ÉCOLE DE GUERRE
LISTE D'EMBARQUEMENT
DANS L'ARMÉE MÉTROPOLITAINE COMME DANS
LA MARINE

L'armée coloniale est toute prête pour remplir le rôle d'école extérieure. Il n'y a qu'à décréter que nul ne pourra y entrer d'emblée comme officier. Les officiers se recruteraient à chaque vacance parmi ceux de l'armée métropolitaine que leur tour appelle d'après la liste d'embarquement de leur grade. Le tour est acceptable ou récusable, partant il n'est pas obligatoire; chacun peut avoir un empêchement valable qui lui interdise l'absence au moment où la vacance se produit; en ce cas le tour passe au suivant. Par suite de ce procédé on récolterait deux avantages : le premier qui serait de faire aller le plus grand nombre aux colonies, que personne ne connaît, et de lui donner l'acquit que comportent toujours les pérégrinations, peut-être, même de voir le feu que la paix ne nous laisse plus apercevoir que dans nos cheminées; le second de replacer dans la métropole des officiers coloniaux fatigués, malades que leur tour rappelle aux colonies avant d'être guéris. J'ai assisté à un cas de cette nature : un capitaine malade du foie était de retour depuis trois mois et encore très faible, lorsqu'il fut avisé que son tour l'appelait à repartir dans un délai de 20 jours. Le personnel était très clairsemé par les fièvres, il n'y avait pas moyen de retarder la mesure. Le médecin déclarait que l'officier était hors d'état de marcher en ce moment et qu'il arriverait malade pour mourir peu après. On lui proposa de permuter dans la métropole, mais il était le plus ancien de son régiment et il lui fallait passer comme le plus jeune de toute l'arme dans la ligne. Il avait droit à sa retraite, il fut obligé de la demander. S'il avait pu passer avec son ancienneté il se serait remis et l'armée aurait compté un serviteur fort capable de plus ; la véritable école de guerre est la guerre : on ne saurait trop la pratiquer.

De quoi s'agit-il au bout du compte? de rapporter une récente loi, de faire renouveler les cadres coloniaux par la métropole et remettre dans la métropole les coloniaux qui ont besoin de repos jusqu'à ce qu'ils soient rappelés par leur tour qui viendra ainsi beaucoup moins vite. En deux mots, faire de l'armée coloniale l'école de l'armée métropolitaine, et de celle-ci le sanatorium de l'autre. Seulement il faut que, de part et d'autre, on passe avec son ancienneté dans l'une et dans l'autre et comme conséquence décompter l'ancienneté autrement que cela se produit actuellement ainsi que nous le verrons au chapitre de l'avancement.

Jusqu'ici l'hypnotisme ne nous a permis de copier que le système continental prussien : la Prusse n'avait pas de colonies, mais nous en avions et il aurait fallu nous inspirer aussi du système anglais exclusivement colonial pour essayer de tirer de chacun d'eux ce qui était adaptable à notre double situation.

Aujourd'hui il est trop tard ; en réduisant de plus en plus le temps de service, nous en arrivons sous d'autres noms à la classification qui nous était faite avant la guerre :

1° Armée. — Armée coloniale ;

2° Garde mobile. — Armée métropolitaine ;

3° Garde nationale. — Armée territoriale.

« Ce n'était pas la peine assurément. »

(Air connu.)

Alors si vous voulez faire une réelle économie, une économie qui en vaille la peine, ex-
périmentez donc sérieusement une bonne
fois, la loi de 1868, avec les modifications
qu'elle comporte au bout de 35 ans et c'est
peut-être là en fin de compte que nous trou-
verons ce que nous cherchons en vain : au
point de vue économique, elle n'a pas sa pareille.

Le moindre inconvénient en tout ceci est que
chaque loi que l'on fait a un effet de répercussion sur l'état social : or vous vous plaignez
que le nombre des célibataires va toujours
augmentant, et les lois antérieures favori-
saient un peu (oh! bien peu) les gens mariés
ou ayant charge de famille ; aujourd'hui il
n'est question que d'âge, autrefois on s'occupait des individus. Si vous voulez que votre
loi militaire ait un contre-coup utile, il faut
s'informer un peu de ce qu'on pourrait demander de plus aux célibataires qu'aux gens
mariés ; peut-être arriverait-on à caser ainsi
un certain nombre de laissés pour compte
qui menacent de devenir un encombrement
dans leurs familles.

Sur le chapitre de l'action sociale de la loi,

on pourrait ajouter une proposition tendant
à faire former un corps auxiliaire de sortes
de pionniers de discipline de réserve, solide-
ment encadré, dans lequel on enverrait tous
les récidivistes, repris de justice, gens dan-
gereux, incorrigibles et qui serviraient à la
troisième récidive à créer des routes dont
nous avons le plus réel besoin dans les colonies. Ce serait un assainissement à tous
égards, et ceci est la seule solution qui per-
mette de réduire la police.

Enfin, nous trouvons une source d'économies dans la mobilisation de l'armée serbe :
tout se quadruple, la section devient compagnie ; la compagnie, bataillon ; celui-ci, régiment ; ce dernier, division ; le surplus sert
à boucher des trous ou à créer de nouvelles
formations. (Voyez les revues militaires de
91 et 93.) Ceci ne comporte plus que des cadres actifs fort restreints, le surplus étant de
la réserve.

On aura beau faire, on ne fera pas pousser
plus d'enfants qu'il n'en naît, et comme les
Allemands en produisent davantage que les
Français, il est utile d'encourager les pro-
ducteurs par quelques concessions. Deuxième

effet réflexe ; il faut rétablir les tours qui réduiront le nombre des infanticides et amèneront une recrudescence de naissances.

Conséquence : tout enfant abandonné devient propriété de l'Etat qui se substitue de plein droit à la famille. « C'est le haras national ! » direz-vous ; et puis après ? Vous voulez des soldats et vous possédez l'orphelinat Hériot.

Quant au nombre il sera ce qu'il pourra.

Nous aurions pu prendre l'avance dans bien des améliorations capables de compenser la faiblesse numérique.

1° COMPAGNIES CYCLISTES

La rapidité est d'une grande importance à la guerre. Il devrait y en avoir au moins une par bataillon et ce sans dépense aucune. Créez un modèle réglementaire de bicyclette pliante, (il existe déjà) et déclarez que les compagnies seront formées avec les hommes pourvus de ce modèle ; il y en aura plus qu'on n'en voudra. Que leur faut-il ? une voiture fourgon forge d'escadron de cavalerie, au lieu de la voiture de compagnie.

Cela ne roule pas partout...

Rien ne va partout ! le cavalier tire souvent son cheval par la figure et la locomotive s'arrête sur une route départementale ; est-ce que tout bicycliste ne pousse pas sa machine à un moment donné ?

Avant bien longtemps, les éléments d'un corps d'opération se mettront en marche dans l'ordre suivant :

1° Les cyclistes:

2° La cavalerie et l'artillerie ;

3° Embarquement d'une partie de l'infanterie en chemin de fer;

4° Départ du reste à pied ;

et chaque élément débouchera dans le même ordre sur le champ de bataille.

2° MITRAILLEUSES

Mais l'artillerie est une arme encombrante; pourquoi ne pas adjoindre une batterie très légère aux troupes à pied sous forme de Maxims du modèle autrichien ? deux hommes remplacent un bataillon dans certains cas et la pièce est bien peu coûteuse.

Dès 1886, un officier d'artillerie de très grande valeur avait démontré que les véritables pièces de la cavalerie étaient des mitrailleuses se réglant pendant le tir sans l'interrompre, l'expérience n'en a été faite qu'en 1902, on avait eu le temps de choisir le modèle !...

C'est dans les institutions sédentaires, comme l'ont déjà dit beaucoup d'auteurs, qu'il faut chercher un complément de forces ; le procédé a été indiqué par une étude sur les vétérans coloniaux, sur l'armée suisse, il en surgit chaque jour et faites par des gens fort compétents.

Les économies sont partout : l'Allemagne nous en a montré de considérables sur son personnel administratif pour augmenter le personnel combattant, grâce à l'éponge passée sur un pourcentage réglementaire dans les erreurs des comptes.

Il serait peut-être bon aussi de faire connaître nos frontières à tous nos officiers, au moyen de voyages d'instruction, puis encourager ceux qui demandent à aller à l'étranger, à leurs frais.

ÉCONOMIES

Comme économies il faut également prévoir, dans un délai peu éloigné, l'augmentation des troupes indigènes dans nos colonies, permettant une diminution d'un nombre égal de Français plus coûteux. En échange, par le temps de service raccourci, il faut se dire que si l'on veut avoir de la cavalerie, il faut posséder en permanence un homme prêt à monter sur chaque cheval ; par conséquent toute la cavalerie doit être portée aux effectifs renforcés, ce qui augmentera un peu la dépense.

On pourrait également en réaliser par la suppression des plumets, qui ne sont que hideux. Dans les troupes où le plumet se porte en avant, passe encore ; mais lorsqu'il se place sur le côté de la coiffure, on cherche malgré soi le pendant, et on croit voir un être auquel il manque une jambe. En outre, cet oripeau emmagasine les mites, et est un foyer de vermine, sans compter qu'il est inutilisable une fois mouillé. Il y aurait lieu de donner des uniformes plus pratiques, avec agrafes au lieu de boutons. La vareuse semble indiquée comme vêtement ; le chapeau-feutre comme coiffure ; la culotte, molletières ou bandes élastiques selon l'arme et brodequins.

Depuis que le pantalon est supprimé en principe, on en confectionne encore ; le drap garance employé pour favoriser une culture du Midi, n'a plus de raison d'être depuis qu'on l'obtient par la chimie et que cette culture est tombée en désuétude. Abolir le clinquant, arriver à un habillement pratique, c'est là que nous devons tendre et nous retrouverons cela amplement par les résultats. Et les képis à pompons, ne vous semblent-ils pas grotesques ? tout cela sent le carnaval : il vaut mieux adopter une fois pour toutes la tenue de campagne, la seule d'ailleurs qui soit utile. La coiffure en drap est malsaine pour le cuir chevelu ; pourquoi la conserver ? une coiffure en liège comme en portent les Hollandais et les Scandinaves, semble beaucoup plus saine et de même qu'on a encouragé la garance on amènerait des débouchés aux chênes-lièges de l'Algérie. La couleur sombre s'impose : l'uniforme des coloniaux, que nul ne porte aux colonies, deviendrait celui de la métropole. Suppression de ces multiples galons et épaulettes d'or et d'argent sans utilité possible et adoption d'insignes de grades apparents mais non clinquants.

On évoque malgré soi le combat des Rats et des Belettes.

Pour clore cet aperçu, souhaitons bonne chance à la loi nouvelle, mais il est fort à craindre que dans dix ans on ne réclame le service de 18 mois, sous le prétexte qu'on n'a réellement besoin de deux classes que pendant les six mois qu'on forme les recrues et les jeunes chevaux. C'est pour le coup qu'il faudra multiplier les rappels de la réserve.

Si, comme il est à craindre, on ne veut pas accepter ce chiffre pour les armes à cheval, il faudra adopter la solution ci-dessus.

Seulement comme en cas de nécessité il faudra rappeler au service une ou plusieurs classes libérées, il s'ensuit que les retours seront toujours plus nombreux, quoique moins ennuyeux, de telle sorte que l'équation du début reste plus vraie que jamais :

$$A + R + T = N$$

Vous échelonnez le service militaire sur toute la vie d'un homme.

CHAPITRE III

AVANCEMENT

Lhomond nous apprend dès le collège que personne n'est content de son sort.

(Nemo contentus est suã sorte.)

Il n'est aucun d'entre nous qui n'ait entendu critiquer l'avancement. Cependant depuis quelques années il faut avouer que la critique devient de plus en plus acerbe, ce qui dénote un malaise réel. Interrogez, écoutez des officiers de tout grade et de toutes armes, et vous connaîtrez les objections qui semblent mériter le plus d'attention. Malheureusement l'autorité supérieure est placée trop haut pour voir et trop loin pour entendre.

Nous allons donc commencer par un léger aperçu historique de la question jusqu'à nos jours.

Armée Active.

« C'est un sentiment ineffaçable dans le
« cœur de l'homme que celui qui le porte à
« s'élever. Chacun veut toujours obtenir pour
« la fin de sa carrière soit un bien-être qu'il
« n'avait pas quand il y est entré, soit un em-
« ploi ou des honneurs qui satisfassent son
« ambition. S'il y a un état où ce sentiment
« puisse se justifier, c'est bien celui des ar-
« mes, carrière toute de vocation ou d'abné-
« gation, où chaque jour on sacrifie sa santé,
« son temps et sa liberté.

« Chez les Grecs et les Romains, où les ar-
« mées n'étaient pas permanentes, il ne pou-
« vait y avoir de règles bien certaines d'avan-
« cement : au début de la campagne les chefs
« étaient désignés et pendant sa durée on
« avançait suivant son mérite. Cependant
« l'art qui règle l'avancement, dit le général
« Bardin, avait été approfondi aux beaux
« temps de la milice des Grecs et des Ro-
« mains, comme le démontrent Polybe, Vé-
« gèce et Xénophon. Dans les légions romai-
« nes, le premier des centurions n'arrivait à
« ce rang qu'après avoir successivement

« exercé le commandement sur les 29 centu-
« ries inférieures à la sienne.

« Dans le Moyen Age, cette époque de chaos
« de l'art militaire, où la chevalerie faisait la
« force des armées, où les seigneurs menaient
« à leur suite une troupe informe de vassaux,
« où les capitaines étaient possesseurs de
« leurs bandes, chacun était ce qu'il pouvait
« être et s'élevait suivant son mérite, son au-
« dace ou sa fortune.

« Sous Louis XIV, on était sous-lieutenant
« d'infanterie en sortant des cadets, sous-lieu-
« tenant de cavalerie en sortant des mousque-
« taires ; dans l'infanterie, on arrivait à l'an-
« cienneté au grade de capitaine ; mais dans
« la cavalerie, où l'on achetait les capitaine-
« ries, ce grade était presque exclusivement
« réservé à la noblesse. Cependant quelques
« emplois, tels que ceux de porte-drapeau,
« major, lieutenant-colonel, étaient réservés
« aux officiers de fortune.

« En Prusse, sous Frédéric II, les grades
« appartenaient à la noblesse ; mais comme
« chacun était *libre de prendre le titre qui lui*
« *convenait*, cette disposition était illusoire,
« et tout homme de talent pouvait arriver aux

« plus hautes fonctions militaires : pour être
« officier, il fallait avoir servi trois ans, soit
« comme porte-enseigne, soit comme four-
« rier ; c'étaient là les deux échelons exclusi-
« vement réservés à ceux qui désiraient de-
« venir officiers; les propositions étaient faites
« par le commandant du régiment, approu-
« vées par le général commandant la subdi-
« vision et examinées par le roi, qui décidait.
« En temps de paix, on n'avançait qu'à l'an-
« cienneté ; mais chacun avait chance d'ar-
« river au grade de capitaine, grade alors
« assez rétribué et assez honoré pour conten-
« ter une ambition ordinaire.

« En France, dit encore le général Bar-
« din, le siècle philosophique placé entre
« deux grandes phases militaires, n'emprunte
« et ne lègue aux temps de gloire qui le pré-
« cèdent et le suivent, aucune amélioration
« dans le système de l'avancement.

« De Louis XIV à Louis XVI on ne trouve
« que des abus étouffant les essais louables
« et les intentions sages.

« Enfin, sous la République, on essaya de
« divers modes d'avancement : ce fut d'abord
« à l'ancienneté ; mais les résultats n'en

« ayant pas été satisfaisants, les commissai-
« res du Comité de Salut Public aux armées
« nommèrent aux grades sous leur respon-
« sabilité ; pour exciter l'émulation, on es-
« saya de l'élection pour les grades subal-
« ternes, dans la proportion de 1/3 à l'an-
« cienneté, et 2/3 au choix ; s'agissait-il de
« nommer un sous-lieutenant, les sous-offi-
« ciers présentaient une liste de candidats sur
« laquelle les sous-lieutenants en choisis-
« saient trois, parmi lesquels trois sous-lieu-
« tenants en désignaient un pour l'emploi va-
« cant : ce système a donné dans les premiers
« temps quelques bons résultats.

« Sous l'Empire, un grand nombre de dé-
« crets et de décisions réglaient le mode
« d'avancement ; mais comme par suite de
« l'état permanent de guerre, ils ne furent
« presque jamais suivis, nous n'entrerons
« dans aucun détail à ce sujet.

« Tout mode d'avancement doit, pour être
« juste, veiller aux intérêts de l'État comme
« à ceux des individus. Accorder tout à l'an-
« cienneté, c'est offrir la chance de tout ob-
« tenir sans avoir rien mérité, c'est anéantir
« l'émulation, c'est étouffer des talents, c'est

« exposer la sûreté de l'Etat en ne donnant
« à l'armée que des chefs que leur grand âge
« rend impropres à la guerre : c'est ce qui
« arriva en 1806, à l'armée prussienne dont
« tous les généraux étaient plus que septua-
« génaires et dont la plupart des officiers
« avaient de 50 à 60 ans. Accorder tout au
« choix, c'est ouvrir la porte à l'intrigue et à
« toutes les prétentions, c'est oublier le mé-
« rite modeste et jeter le dégoût de l'état mi-
« litaire dans l'armée. Cependant, comment
« concilier les droits de l'ancienneté avec ceux
« du mérite et comment constater le mérite ?
« plusieurs gouvernéments ont semblé recu-
« ler devant la solution de ce problème et
« préféré abandonner les grades à l'ancien-
« neté.

« En France, la loi du 14 avril 1832, cher-
« chant à assurer les droits de l'ancienneté
« et ceux du mérite, accorde pour les grades
« subalternes, les 2/3 des emplois vacants à
« l'ancienneté, et l'autre tiers au mérite; pour
« les officiers supérieurs, la moitié à l'an-
« cienneté, la moitié au choix ; enfin pour les
« officiers généraux, tous les emplois au
« choix ; elle détermine la durée du service

« dans chaque grade avant d'en pouvoir ob-
« tenir d'autres, ainsi que les exceptions qui
« peuvent avoir lieu en campagne; enfin pour
« imprimer du mouvement à l'avancement et
« éviter que les emplois ne soient remplis par
« des hommes trop âgés, la loi a fixé l'âge
« de la retraite dans chaque grade.

« *Signé :* F. DE BÉTHUNE,

« capitaine d'état-major. »

Le spectateur désintéressé qui examine en sceptique l'avancement actuel des officiers peut se promettre de doux moments, surtout si, comme Figaro, il est persuadé qu'il vaut mieux rire de certaines choses que d'en pleurer.

« L'armée française est la première du
« monde, disait un général belge, c'est la
« seule dans laquelle il y ait un officier trans-
« cendant sur trois ! » Ce bon belge était peu mathématicien, car s'il eût fait son calcul, il eût découvert que la proportion est de 2.56/5.

Il y a en effet, deux sortes d'avancement chez nous : l'ancienneté, qui consiste à retarder le plus possible l'accession d'un candidat et le choix, qui a pour but de l'accélérer autant que faire se peut.

Le premier est d'une simplicité patriarcale qui nous permet de ne pas nous appesantir dessus, nous aborderons donc le second.

Le choix est destiné à faire arriver des sujets *hors ligne* en tête de l'armée, en leur faisant faire un stage minimum dans les grades intermédiaires qui les séparent du point culminant auquel les appellent leurs hautes aptitudes. Ceci certes, est parfait et l'on ne peut qu'applaudir à cette combinaison, seulement il y a une question d'application du principe qui vient modifier nécessairement l'opinion première : les sujets hors ligne sont-ils bien dans la proportion de 1/3 ? En ce cas c'est le général belge qui a raison.

Malheureusement des esprits chercheurs (il y a toujours des gens qui ont la manie de fouiller partout) ont découvert que la parenté, les origines, les relations, la situation, la fortune jouaient un rôle prépondérant sur la valeur intrinsèque du candidat. On vous dira d'un officier : « D'où vient-il ? » mais jamais on ne fera la question : « Que vaut-il ? »

On nous dit : « Il faut des gens jeunes ! »

Alors que ne les choisit-on parmi les caporaux des bataillons scolaires ?

D'un côté on ne peut pas leur donner un grade lorsqu'ils sont à la mamelle et d'un autre, comme on exige le maximum de science, le modèle-type de l'homme investi du commandement est le doyen de l'Institut. En prenant la moyenne on est amené à découvrir que l'homme de 45 à 50 ans doit réunir les qualités de vigueur et de savoir inhérentes à ces fonctions.

Le fait est tellement flagrant que le possesseur d'une écurie de courses en Angleterre, disait : « Tant que je n'ai examiné que le pé-
« digrée de mes chevaux, je n'ai eu que des
« insuccès ; le succès n'est venu que quand je
« me suis reporté à leurs performances ; hé
« bien ! c'est l'image de votre avancement en
« France, où on ne s'occupe pas de la valeur
« des gens. »

Ceci suffirait peut-être à expliquer certaines situations hors de proportion avec le mérite de celui qui les occupe. Il suffit en effet qu'un officier soit proposé ; maintenu et passe au choix au grade supérieur pour qu'il en soit de même pour tous les autres grades suivants ; c'est un fait acquis, la routine des moutons de Panurge, puis quand on a confié aux mains d'un incapable les destinées, la fortune, le sang et l'honneur d'une nation, on se lave les mains du désastre et la France paie. « Il promettait beaucoup ! » disait-on. Il est vraiment dommage qu'il n'ait pas tenu ce qu'il promettait ; mais en attendant, si l'on s'était moins pressé, peut-être aurait-on pu trouver quelque modeste ne promettant rien, mais tenant tout et coûtant moins cher. Il n'en est pas moins vrai que nous connaissons tous des gens de valeur, qui arrivent à l'ancienneté, tandis que beaucoup d'autres qui leur sont notoirement inférieurs, pour ne pas dire nuls, leur sont passés ainsi sur le dos.

Je voudrais bien savoir quel est le conseil d'administration qui chargerait son capitaine trésorier, d'aller risquer les fonds régimentaires à Monaco, fût-il le plus heureux et le plus adroit des joueurs.

C'est pourtant ce que nous faisons chaque jour en matière d'avancement, et ce, sans même prendre la précaution de vérifier après le premier échelon si celui-ci était justifié. Si encore cette vérification avait lieu on pourrait peut-être s'arrêter à temps !

Et justement à cause de cette imprudence on entend quotidiennement des supérieurs de haut grade critiquer des nominations de collègues ; comme un supérieur ne se trompe pas, ces critiques semblent d'autant plus fondées que parfois l'évidence vient corroborer leurs assertions, et voilà le ferment d'indiscipline jeté dans des âmes vierges où il ne sera que trop prompt à germer.

Qu'il y ait des gens remarquables, c'est évident ; mais dans une telle proportion... c'est douteux et sans vouloir supprimer le choix, il y a lieu de le restreindre considérablement comme nous allons le voir par la suite.

Malheureusement, loin de le restreindre, c'est le contraire qui se passe et on a inventé le choix hors tour, comme si l'autre n'était déjà pas suffisant.

Je ne parlerai pas de celui motivé par la rubrique : « services exceptionnels », où le qualificatif « exceptionnels » est interprété : « services qui sont à l'état d'exception. »

Il y a aussi celui des premiers au classement de sortie de certains cours d'application. L'université avait jugé sainement que le banquet de la Saint-Charlemagne suffit aux lauréats du grand concours et l'armée aurait pu économiquement copier l'université.

En réalité, c'est le règne du bon plaisir, il n'y a rien de fixe, rien de sérieux ; aujourd'hui que les sous-lieutenants passent lieutenants à deux ans de grade, le ministre qui le voudra, pourra envoyer un parent faire un cours d'instruction à Saumur, au bout d'un an de grade de lieutenant et si ce dernier sort 1er ou 2e, il en reviendra capitaine, au bout de quatre ans de grade, en pleine paix.

Quand les imberbes commandent aux têtes grises, la discipline n'y gagne pas ; il fallut les victoires de Piémont pour faire accepter l'autorité de Bonaparte à Augereau.

Le choix, tel qu'il est pratiqué, produit bien d'autres surprises : tel officier demande et obtient de faire partie d'une expédition et, après s'être trouvé en butte aux épidémies et aux projectiles commet une action d'éclat ; on l'ajoute au tableau d'avancement ; où croyez-vous que son nom soit inscrit ? en tête ? nenni; il sera porté en queue, de telle sorte qu'il ne passera qu'après les petits camarades restés dans la métropole. Franchement, à moins d'être un sot, la morale se déduit toute seule, pour tout officier ambitieux : « ne fais jamais campagne. »

Et cependant si le choix doit être logiquement maintenu c'est pour ceux-là ; car outre leur mérite, il est certain qu'avec le service restreint et des armements dont nul ne peut apprécier la valeur destructive exacte, l'expérience du feu et l'attitude du chef feront presque tout dans la rencontre future, où les contingents indécis se comporteront suivant la contenance de qui les commandera.

Pour ce qui est du temps de paix, le choix ne paraît être qu'une loterie, symptôme fâcheux, dans un pays où le gouvernement soucieux de la morale, défend les jeux de hasard.

Quelle sécurité vous donne un triage fait d'après l'extrait de naissance, revisé par des autorités qui connaissent peu les candidats, lesquels sont ensuite soumis au scrutin de ballottage d'un aréopage qui les ignore totalement. Il est sévèrement défendu aux candidats de se présenter aux membres de ce comité ; si pourtant ils ne le font pas, comme c'est le seul moyen de se faire connaître, ils sont sûrs de rester sur le carreau. D'abord le meilleur du régiment A est souvent moins bon que le dernier du régiment B.

Que dire encore de l'avancement des officiers supérieurs qui jugés trop jeunes une première année pour être maintenus, sont jugés trop vieux l'année suivante? Il semble que l'on assiste au jeu des petits chevaux qui se dépassent réciproquement et l'utilité de tout cet enchevêtrement n'apparaît pas bien clairement à l'œil le plus attentif. Au temps où cette manière d'avancer a été mise en vigueur, il existait beaucoup d'officiers sans éducation ni instruction et elle avait une raison d'être jusqu'à un certain point, mais aujourd'hui les conditions sont changées ; d'ailleurs, il serait plus simple d'éliminer les mauvais serviteurs qui sont rares, que de prétendre récompenser par l'avancement, les bons qui sont trop nombreux pour pouvoir y accéder.

Notez qu'il n'est même pas question du simple bon sens d'un sujet ; ici je copie textuellement : « Au-dessus du rajeunissement aveugle et brutal, qui opère d'après les indications de l'acte de naissance, il faut placer une gestion judicieuse de l'avancement, c'est-à-dire, un système de sélection, basé un peu plus sur la valeur intrinsèque de l'officier, un peu moins sur ses relations, ou sur la situation qu'il occupe, en somme il faut remettre en honneur la partie combattante. » (*Lettres d'un cavalier.*)

Je livre aux méditations ce modeste entre-filet de décembre 1892.

« Le comité de classement des officiers de
« marine s'occupe actuellement de dresser
« la liste des lieutenants de vaisseau propo-
« sés pour le grade de capitaine de frégate.

« Son embarras est grand. Il ne doit y avoir
« que dix inscriptions au tableau d'avance-
« ment et le nombre des officiers proposés
« est de cent soixante-dix-huit, sur lesquels
« cinquante, au bas mot, sont tout à fait en
« mesure de recevoir, cette année, la récom-
« pense de leurs excellents services.

« Un des membres du comité disait hier,
« à ce propos, que le mieux serait de tirer
« au sort, dans le fond d'un chapeau dix
« noms, parmi les cinquante candidats sé-
« rieux. Et, de fait, on se rend compte que,

« dans une pareille situation, il n'y a que les
« influences ou les relations personnelles qui
« puissent guider le choix des juges. »

On peut en dire autant de l'armée active,
ceci corrobore bien ce qui est dit plus haut
et s'il faut porter tout le monde au tableau,
autant vaut par conséquent n'y porter personne.

D'ailleurs si le tableau du choix est maintenu pour les officiers qui font la guerre, beaucoup de monde voudra la faire ; il est facile
de créer dès lors un tour analogue au tour
d'embarquement des officiers de marine et,
ceux qui laisseraient passer leur tour, renon-
ceraient implicitement par ce fait aux chances
d'avancement jusqu'au tour suivant.

Au milieu de toutes ces raisons que je viens
d'énumérer vient encore s'ajouter la question
de l'état-major. Le *service* n'a rien en propre,
gêne tout le monde et est gêné par tout le
monde. En effet, qu'un de ces officiers de
mérite se trouve dans un état-major, il n'est
discuté que par les commandants de corps
d'armée et passe à peu près sûrement ; qu'au
contraire, il soit dans un corps de troupes,
la plupart du temps il y perdra, car l'arme

soutiendra ses candidats à outrance, le service ne s'en occupera pas, de telle sorte que cet officier de valeur restera probablement entre deux selles. Il y a donc intérêt à refaire le corps, mais ouvert, avec un avancement qui lui soit propre, tant dans son intérêt même que dans celui des différentes armés.

L'objection se présente d'elle-même : « L'avancement y sera plus lent ! » Hé bien, il faut prendre chez les voisins ce qui peut nous servir :

Pourquoi, comme en Espagne, ne conférerait-on pas le grade et les prérogatives (au besoin sans la solde) à tout officier d'état-major dès que les officiers de sa promotion répartis dans les armes arriveraient eux-mêmes au grade supérieur ?

Une autre solution s'ouvre encore : pourquoi l'officier d'état-major ne serait-il pas assimilé au grade supérieur au sien ? Cela se passait ainsi pour la garde sous le Premier Empire.

L'avancement en temps de guerre qui est de 1/2 au choix sera entièrement accaparé par l'état-major et il faudra entendre les hurlements qui s'élèveront alors dans les troupes qui auront tiré les marrons du feu et les verront manger par d'autres.

La littérature elle-même s'en ressent car, pour obtenir l'avancement dans de semblables conditions il est nécessaire d'attirer l'attention sur soi-même par un moyen quelconque.

Les uns par les concours hippiques, les courses ; ce moyen réussit rarement par le temps qui court. D'autres par des excentricités : pédestrial, natation, tir aux pigeons, voyages en ballon ; également peu pratique. Mais il en est un qui grâce à la tartinomanie des uns et au désœuvrement des autres semble réunir les chances les plus sérieuses : c'est de faire des livres! et quelle prose, grand Dieu ! sans s'arrêter aux accrocs de la syntaxe, il suffit de jeter un coup d'œil sur les prospectus des libraires militaires pour se dérider agréablement : — *Le Guide du cavalier,* — *Le Memento du fantassin,* — *La Directive de l'artilleur,* — *L'Alidade du génie,* — *Le Manuel du parfait caporal,* — *L'Aide-Mémoire du sous-officier,* — *Le Bréviaire du capitaine commandant,* — *Le Vade-Mecum de l'officier supérieur,* — *Le Mémorial du géné-*

ral, etc... Il y a encore la publicité fanatique :
« — *Comment je mène mon peloton* » ou :
— *Comment je dirige ma batterie,* » pour peu
que cet exemple devienne contagieux, nous
verrons : « *Comment je cuis la soupe* » par un
cuisinier en quête de promotion.

J'en passe et des meilleurs.

Il est clair que lorsque M. le Ministre de
la Guerre était un académicien, il aurait dû
user tout au moins de son autorité pour éviter
à la langue française dont il était le premier
défenseur, les entorses journalières auxquelles elle est ainsi sujette.

Ceux que la plume fatigue ont une res-
source, c'est de se faire professeurs de quelque chose. Il n'y a que l'embarras de la vocation. On retient par cœur une leçon bien
apprise et on la replace avec les mêmes intona-
tions à de bons élèves qui en feront autant
plus tard, après vous ; le professeur dans ces
conditions tombe au rang de maître répéti-
teur, alias le pion, mais les temps sont durs
et il faut vivre, c'est-à-dire arriver, aussi pour
un peu, l'on dirait comme Coquelin dans un
de ses monologues les plus désopilants : « Je

ne sais rien… je puis donc me permettre de vous enseigner quelque chose. »

Pour quel motif avance-t-il au choix ? Ce cliché admis est cependant erroné : le professeur ou l'instructeur dans une école a la part beaucoup plus belle que dans un régiment ; son enseignement est facile vis-à-vis d'une sélection et il se donne beaucoup moins de mal que le malheureux instructeur de la troupe qui a affaire à un terrain moins bien préparé, si toutefois il n'est pas rebelle à la culture, ce qui se voit.

« J'ignore, disait un jour un de nos généraux les plus vénérés, si le maître d'école a gagné Sadowa, comme on l'a prétendu, mais ce que je sais bien, c'est que le professeur nous attirera une rude pile ! »

En résumé le mode d'avancement que nous suivons actuellement dans l'armée active est le pire des dissolvants ; il a déjà tué la camaraderie, il est en train de saper la discipline ; demain il créera la zizanie intestine, c'est ce que j'appellerai le péril militaire ; il a amené l'ambition insatiable et l'outrecuidance chez les uns, l'envie et le dégoût chez les autres ; les deux camps sont bien nettement tranchés :

celui qui peut prétendre à tout, celui qui n'a droit à rien ; chacun répond par le mépris au dédain, l'on se compte dans chaque camp ; comme les dindons de la légende, ils ne disent rien, mais n'en pensent pas moins. En un mot l'armée subit le contre-coup de l'état social, on veut jouir et avant peu il faudra passer sur le corps de ses concurrents.

Un grand seigneur à tous égards, quitta l'armée à la suite d'un passe-droit d'avancement. Le fait était patent, il s'agissait d'un protégé. Un jour qu'à une de ses réceptions où d'habitude son régiment situé à proximité se montrait assidu, quelqu'un s'étonnait de ne voir aucun de ses anciens camarades, il répondit par un : « Je ne reçois plus ces voisins-là » qui ôta toute envie de lui demander de leurs nouvelles. Voilà donc où peut amener la question d'avancement ! Et pourtant il semblerait qu'après avoir inconsidérément emprunté à la Prusse tout ce qui est incompatible avec notre état social, avec nos mœurs et notre manière de voir, nous aurions dû lui prendre son système d'avancement qui est bien certainement la chose la plus égalitaire et la plus adaptable à notre organisation démocratique : chacun passe à son tour d'ancienneté, sauf élimination des incapables au moment de l'accession au grade supérieur.

J'entends déjà la réponse : « Mais il faut la retraite proportionnelle ! » Ah ! grand Dieu, voilà assez longtemps qu'on en parle, il faudrait pourtant conclure !

Mais comment se fera l'élimination ! S'il faut que l'État ait des garanties, il importe que l'intéressé en ait aussi, sans quoi l'élimination serait pratiquée à outrance jusqu'au nom de ceux que l'on fait actuellement sauter à pieds joints par-dessus les autres. Il y a des quantités de moyens, celui d'un conseil composé de trois chefs hiérarchiques immédiats et d'un nombre égal d'officiers du même grade que le candidat, votant au scrutin secret, à la majorité absolue, avec solution favorable en cas de partage des voix, semble réunir toutes les garanties.

Exemple pour un lieutenant :

Capitaine, chef de bataillon, colonel, plus trois lieutenants;

Pour un capitaine :

Chef de bataillon, colonel, général de brigade, plus trois capitaines;

Pour un chef d'escadrons :

Colonel, général de brigade, général de division (ou général directeur de l'arme, s'il est hors cadres), plus trois chefs d'escadrons;

Pour un lieutenant-colonel ou colonel :

Général de brigade, général de division, général de corps d'armée (ou directeur d'arme), plus trois lieutenants-colonels ou colonels, etc...

Il a été question du choix par ses pairs, on dit que ceci tournerait vite au système électoral et porterait un tel préjudice au bon ordre et à la discipline qu'on ne peut l'admettre; il éviterait peut-être, au contraire, bien des injustices calculées ou involontaires.

D'ailleurs l'avancement à l'ancienneté, par sélection, n'exclut pas le choix, mais il le ramène aux justes porportions des faits de guerre. Voici, en Allemagne, Wismann qui a conquis un empire à son pays : il était lieutenant en 1886, capitaine au commencement de 1887, il a été nommé major en 1889 et personne ne s'est élevé contre cette marche ascendante. Le lieutenant Reitzenstein fut fait capitaine à la suite du raid Berlin-Vienne et le prince Léopold major. Les faits de guerre justifient tout et il est temps de faire place aux guerriers : celui qui passe à son tour ne suscite pas de jalousie et nul n'a le droit de contester la récompense d'une action d'éclat.

Croit-on rencontrer beaucoup de Napoléons dans ces fruits hâtifs qui semblent être notre espoir ? un Napoléon ne se forge pas, on le trouve; il est toujours le résultat des circonstances.

La préoccupation qui semble dominer est de trouver l'homme futur, le génie de l'avenir comme si on pouvait deviner à l'avance ce que deviendra un individu ! D'abord il peut mourir tous les jours (ce n'est pas probable); devenir idiot (ceci offre plus de chances); quitter sa carrière (cela se voit); bref, par ce temps d'acétylène et d'électricité, ces éclairages sont encore interdits dans les bâtiments militaires et les Diogènes du temps présent, armés d'un falot brûleur de colza, en promènent la faible lumière dans leurs environs les plus immédiats. L'intensité du rayon est si restreinte qu'elle ne leur permet pas de franchir le cercle de leur entourage, famille et amis, ce qui peut expliquer surabondamment la simili hérédité des grades qui existe actuellement.

Un fils, un parent, un ami sont sûrement des garçons d'avenir et on les propose pour l'avancement.

Le commandement suprême est comme l'anneau d'Alexandre :

Au plus digne.

Aussi qu'arrive-t-il maintenant ? Des syndicats se sont formés partout sous des noms qui les déguisent à peine. Une société d'admiration mutuelle s'est fondée il y a quelques années dans l'infanterie; immédiatement il a surgi une contre-société d'admiration non moins mutuelle, démontrant péremptoirement que le parti adverse était prêt à la riposte. Chacun sait que dans certains régiments, il existe des associations occultes dont on ne fait partie qu'après une initiation en règle, et que ceux qui n'en sont pas membres se voient traités en étrangers.

Il n'y a en réalité que deux grades donnant un commandement effectif : capitaine et colonel. Le lieutenant fait son apprentissage, s'il a eu soin de remplir toutes les fonctions de

son grade il sera un capitaine merveilleux.
Quand on a exercé ce grade pendant longtemps on a droit au repos, aussi la position de
commandant est-elle une marche sur laquelle
tout le monde doit pouvoir souffler avant de
reprendre le collier et c'est un non-sens que
de la donner au choix.

Tout grade n'est qu'une préparation au suivant : puisque tout lieutenant commande la
compagnie en l'absence de son capitaine, il
est apte à la commander quand lui viennent
les galons. Tout officier supérieur peut être
appelé à commander le régiment en l'absence
du chef de corps; le projet nouveau est donc
parfaitement juste en proposant l'avancement
exclusif à l'ancienneté jusqu'au grade de lieutenant-colonel.

Ensuite il y a une fixité de service et une
économie de déplacements si on se pénètre du
principe sus-énoncé, en n'envoyant dans les
corps de troupe pour y faire un stage que les
officiers d'état-major du grade de capitaine
ou de colonel; le reste du temps on les main-
tiendrait au service d'état-major : ce qui serait
encore une nouvelle source d'économies en
ce que la gestion des fonds leur est peu fami-

lière par suite de leurs fonctions mêmes et que les troupes qui passent par leurs mains s'en tirent rarement sans déficit dans leurs finances.

Cuique suum

que Cicéron traduisait : « Chacun son métier et les moutons seront bien gardés ».

Il faut laisser le musicien à la musique, le sculpteur à sa glaise et le peintre à ses brosses : vouloir que chacun fasse également bien toutes choses amène des notions générales mais tue les spécialités.

Il est onéreux pour un officier d'état-major de changer constamment de résidence pour les besoins de sa carrière et malgré les facilités qu'on lui accorde, ces indemnités sont toujours insuffisantes, sans résultat appréciable, pour son acquit personnel, comme pour le bien général.

Or, la façon dont a lieu aujourd'hui l'avancement mécontente absolument tout le monde, il suffit de l'énoncer pour en être convaincu.

Chaque année, au moment de l'inspection générale, on proposait un certain nombre de lieutenants et de capitaines pour le grade supérieur.

Quelle était la base prise ?

1° L'Ecole d'origine;

2° Une certaine ancienneté dans le grade.

Les candidats susceptibles de devenir de futurs maris pour les filles de leurs supérieurs étaient portés en tête, les autres avec une préférence peu marquée.

L'Inspecteur général leur faisait subir un examen portant sur l'administration, la tactique, les services, les règlements et finalement les classait d'après leurs notes pour lesquelles il s'en référait totalement au chef de corps, puisqu'il ignorait la plupart du temps, même la physionomie de l'homme, à moins qu'il ne le connût personnellement.

EXAMENS

Les examens étaient devenus une manie. Toujours sur ce point de départ que le maître d'école avait fait l'armée prussienne victorieuse à Sadowa, tout le monde redevenait potache, on passait examen préparatoire, examen éliminatoire, examen définitif, jamais le budget des écoles régimentaires n'a dépensé tant d'encre !

Et le choix des sujets de composition ? Un sous-lieutenant proposé pour lieutenant eut un jour à résoudre le problème tactique suivant, concurremment avec des lieutenants proposés pour capitaines, des capitaines proposés pour chefs de bataillon, des commandants proposés pour lieutenants-colonels et des lieutenants-colonels proposés pour colonels : Marche d'un corps d'armée, muni de tous ses éléments de X sur Paris, indiquer la composition des colonnes et l'emplacement sur la carte de la halte horaire pendant la première étape. C'était une question d'Etat-Major.

Le sous-lieutenant encore tout farci de son cours d'art militaire, traita le sujet et fut appelé le lendemain chez le plus haut grand chef, qui lui dit : « Votre composition est re-
« marquable, malheureusement on ne peut
« vous porter au tableau; MM. X et Y y sont
« déjà inscrits et on ne peut pas en porter
« plus de deux par régiment; M. Z sort le
« premier de sa promotion et est inscrit d'of-
« fice, je ne puis donc rien pour vous; mais
« vous avez de grandes dispositions, présen-
« tez-vous donc à l'Ecole de Guerre ! »

Ainsi, voici un être intelligent, qui, sous

prétexte que *les droits acquis* (ces fameux droits acquis) en maintenaient deux plus anciens dans le grade, ne pouvait percer en aucune façon. Pourtant cet officier, moins ancien dans le grade était le plus ancien de services des quatre; malgré le travers de ne vouloir envisager que le futur, il faut reconnaître que le passé a sa valeur et que l'avancement au choix n'a pas été inventé que pour faire pousser le plus vite possible un fruit hâtif qui risque de ne pas mûrir, tandis que la cueillette des fruits mûrs est certaine et que le choix ayant pour résultat de faire rattraper aux concurrents le temps perdu et les remettre au pair donnerait des conséquences plus exactes.

Le vice du système ci-dessus indiqué est donc patent; ce n'était pas l'ancienneté dans le grade qu'il fallait prendre pour l'avancement au choix, c'était l'ancienneté de services et personne ne se serait plaint par la raison suivante : l'homme qui est sous-lieutenant à 22 ans, a tout à apprendre d'un métier, dont il a la chance de ne connaître que les bons côtés; celui qui l'est à 28, le connaît déjà et son stage doit y être beaucoup moins long;

enfin, quoi que vous fassiez, l'ancien sergent-major ou fourrier devenu lieutenant saura beaucoup mieux commander la compagnie que son propre capitaine sorti de l'école directe. Il y a là, quoi que vous puissiez dire, une évidence de fait qui démontre la supériorité de l'école pratique sur l'école théorique.

On n'a pas pris cette voie et on a fait une faute qui a fini par amener des plaintes et critiques de tous côtés. A défaut de celle-ci, il y en avait une autre qui était facile : du moment qu'on maintenait la double origine si acharnément attaquée et si acharnément défendue, il fallait s'appliquer à ne pas faire de jaloux et créer le tableau d'avancement double, fournissant un élu à tour de rôle dans chaque camp.

Mais comme toute la tête sort du camp direct, il est admis couramment que tout ce qui n'en sort pas ne sait rien, n'est bon à rien; aussi n'allez pas vous risquer à demander quoi que ce soit, si vous n'en êtes pas.

Un chef de corps dit à l'un d'eux : « Je suis très content de vous, je vais vous proposer pour trésorier »; l'autre qui était capable de remplir tous les emplois de son grade, mais qui était surtout très adroit aux exercices du corps, remercie en déclarant qu'il serait heureux de suivre un cours d'instruction de son arme dans une école d'application, il entend la réponse suivante : « Non, parce que vous ne sortez pas de Saint-Cyr ! » C'était une élimination péremptoire.

Voilà le mot lâché; il n'y a rien pour les autres. « Il y a des généraux sortant du rang », répondra-t-on; c'est une erreur; s'ils ont des fils ils les destinent à Saint-Cyr et quand ceux-ci y sont entrés, ils répudient leur origine et souscrivent à la Saint-Cyrienne.

La réponse sera invariable, quoi que vous demandiez : « Vous ne sortez pas de Saint-Cyr, il n'y a rien pour vous ».

Deux officiers subissent un examen d'administration pour le choix; l'un a été fourrier, l'autre ignore à quel endroit le capitaine signe son rapport journalier, il a la mention Bien, le premier a celle Assez Bien, comme aptitude administrative.

En fait nous avons rétrogradé jusqu'à l'époque de Louis XV et nous possédons toujours les officiers rouges et les officiers bleus.

Si l'officier indirect a, par son acquit, une éducation, une origine, un savoir égaux à ceux de ses camarades sortis de l'école directe, alors c'est l'hallali courant et on n'aura trêve qu'après l'avoir jeté bas. S'il a quelque fortune on ne la lui pardonne pas, il ne *doit* pas en avoir.

Vous expliquez-vous maintenant pourquoi il faut unifier l'origine et sentez-vous qu'il faut que les rancœurs suscitées par ces procédés soient oubliées le plus tôt possible par ceux qui seront peut-être appelés demain à marcher ensemble à l'ennemi?

Ce heurt n'empêche pas les amitiés individuelles heureusement, mais la camaraderie est morte.

Depuis que les sous-lieutenants passent lieutenants à l'ancienneté, il y a un froissement de moins; actuellement il débute à la proposition pour capitaine, c'est-à-dire vers 30 ans pour le scolaire direct, 35 pour l'indirect; on n'y fait pas attention encore sérieusement; la vie commune et l'insouciance sont là, mais à l'échelon suivant la jeunesse a disparu, les relations avec les collègues sont moins intimes, les compétitions plus âpres;

de part et d'autre on avance en âge, les conséquences sont l'acquisition possible d'un grade
de plus après celui que l'on convoite; les fonctions mettent davantage en évidence les qualités rivales et les résultats du doigté se jugent du premier coup d'œil.

Un capitaine de cavalerie trouve à son arrivée à son poste une troupe dans un état de
délabrement administratif navrant; pas d'argent dans les caisses, des dettes partout, les
habits en guenilles, les selles brûlées au sang
de bœuf, et cinquante chevaux bons à réformer immédiatement. Le prédécesseur passait
pour un aigle, que dis-je ? un condor ! le successeur hésita à accepter le commandement,
puis, sur de bonnes promesses, se décida.

Il lui fallut 21 mois de labeur assidu pour
remettre sa troupe sur pied, car d'autres dé-
couvertes avaient suivi : les cavaliers tom-
baient au galop et ne savaient pas se servir de
leurs sabres, tout était à refaire, fut fait et
au delà, car tous savaient manœuvrer toutes
les armes en service dans l'armée française,
quoiqu'ils n'en fussent pas armés. Vous
croyez qu'on le proposa pour l'avancement ?
nullement, il n'était pas de l'École directe et

on lui objecta que ses collègues étaient plus anciens que lui dans le grade; mais ils avaient entre 4 et 6 ans de services de moins. Alors, à quoi bon l'avancement au choix si l'on vous y propose à l'ancienneté de grade? Un labeur pareil n'avait pas été sans altérer sa santé, il s'en alla; parfois il répétait : « Si je « n'avais pas eu pour sous-ordres des offi- « ciers sortis de la troupe, je n'aurais même « pas essayé ce que j'ai accompli là ».

C'est un fait connu que le non-scolaire passe sa vie à réparer la casse du scolaire, mais c'est ce dernier qui avance tout de même, l'autre doit s'estimer heureux de ne point recevoir de reproches.

Deux chefs de bataillon sont en parallèle, l'un est excellent, le second médiocre; le premier aura sa limite d'âge l'an prochain, l'autre a encore quatre ans avant d'y arriver, on propose le second.

Des scolaires eux-mêmes regrettent cet état de choses; ils disent bien que ce régime est anormal, injuste et honnêtement déclarent que le mérite n'est pas récompensé. Dans un régiment d'infanterie, on cite un commandant remarquable et on dit : « C'est un excellent chef, et malheureusement il s'en ira comme tel ! » Dans un régiment de cavalerie, on cite deux lieutenants hors ligne et on ajoute : « Ce qu'il y a de plus regrettable, c'est qu'on ne peut pas leur donner d'avancement ! » Vous comprenez bien, n'est-ce pas ? il faut en donner à ceux qui *doivent* faire quelque chose plus tard... comme si l'avenir était à vous ? Oh ! ce système est très fort, au lieu de faire l'armée de tout le monde, on a obtenu par ce moyen l'armée d'un groupe qui la défend comme une possession dont il n'entend pas qu'on lui rogne quoi que ce soit. Ce n'est plus l'armée française, c'est l'armée scolaire; si vous restez dans la réserve, on vous négligera; mais on est de bonne composition, on vous donnera tout ce que vous voudrez dans la territoriale, quant à l'active, n'y touchez pas.

Naturellement cette filière a été modifiée et il n'en pouvait être autrement. On a proposé d'office tout le monde par rang de grade et d'ancienneté, sauf élimination, mais cette élimination revient absolument au même, car en éliminant tous ceux dont on ne veut pas, on arrive à ne plus laisser sur le tableau de proposition que ceux que l'on veut voir arriver; par conséquent ce système peut encore être faussé, malgré les meilleures intentions qui ont présidé à sa mise en vigueur.

La pierre d'achoppement de tout ceci réside dans les notes secrètes.

Pour cela, une petite digression est nécessaire :

Les notes données au personnel.

Il est de règle de donner à tout gradé depuis le sous-officier, des notes chaque année, relatant son degré d'instruction personnelle et militaire, sa manière de servir, son caractère, ses capacités, sa valeur, etc..

Ces notes sont tenues secrètes et c'est encore un motif de récriminations de la part des intéressés qui arguent ceci : « L'autorité est « assez forte pour nous réprimer si nous fai- « sons mal, si nous n'avons rien commis d'il- « licite, pourquoi nous cacher ce qui est écrit « sur notre compte ? Nous agissons au grand « jour, qu'il en soit de même vis-à-vis de « nous. Si un fait nous est reproché à tort, il « est juste que nous puissions nous défendre « et faire éclater la vérité. »

Un ancien chef de corps objecte que le commandement n'est pas possible sans le secret des notes, mais ne donne aucune raison à l'appui de son dire.

Un autre qui n'a jamais passé pour une lumière, riposte : « Il faut essentiellement que « la note du personnel soit secrète; si l'offi- « cier, par exemple, est inintelligent, com- « ment voulez-vous le lui dire ? » Il y a des euphémismes dans la langue française, on peut s'en servir; mais celui qui proférait ces paroles était de toute évidence un de ceux auxquels cette note pouvait être appliquée.

Du reste la manière dont sont recueillis les renseignements est déplorable en elle-même : cancans, potins, racontars de toute espèce trouvent crédit *a priori* et sans aucune véri- fication. Vivez-vous en retrait ? — vous êtes un ours; êtes-vous mondain ? — ne songe qu'à s'amuser; êtes-vous musicien ou littérateur ? — farceur ! artiste ? — néglige son service pour la peinture ou la sculpture.

Il n'y a que ceux qui s'abîment dans les revues militaires qui trouvent grâce et encore?

Les renseignements viennent de chez les fournisseurs de tout ordre par les domestiques, la fréquentation des cuisinières, des ordonnances ou même les conversations du quartier qu'on a joliment dénommées : « la décision du lavoir ».

Il ne vient d'emblée à personne l'idée que dans une circonstance aussi sérieuse, quelqu'un soit jugé sans être entendu; aussi lorsqu'un officier se voit traité avec froideur, il lui surgit immédiatement à l'esprit que quelqu'un a déblatéré sur son compte. Souvent, ce sont des camarades qui l'ont bêché par derrière et nul ne pense à demander à l'intéressé si ce dont on l'accuse est vrai. Tout accusé est coupable, quel que soit l'accusateur (demandez plutôt à M. Hinstin), toute plainte trouve une oreille favorable et je sais bien des chefs qui, au lieu de suivre cet errement ont envoyé promener des mercantis qui, après avoir abusé de la naïveté de militaires pour leur faire souscrire des achats à 50 pour cent de majoration, avaient encore le toupet de récriminer contre un retard dans le paiement de cette duperie. Ils ont été repris pour ce fait. D'autres ont été blâmés d'avoir communiqué aux intéressés les notes qu'ils jugeaient devoir leur donner. L'information est la première des démarches pour trancher un différend.

Et puis celui qui en note un autre n'est-il pas sujet à erreur lui-même ? personne n'est infaillible.

Un lieutenant reçoit cette note : « A bien commandé un bataillon avec une voix assez claire, petit, laid, mais bien tourné », il devient maréchal de France.

Un capitaine eut cette autre : « Petit homme, petit esprit, petit courage », et devint maréchal également. Quel était le petit esprit des deux ?

Le général Philebert dit à ce sujet: « N'y a- « t-il pas là un argument en faveur de la publi- « cité des notes du personnel, de ces terribles « notes secrètes qui défigurent un homme « aussi incurablement que le plus corrosif des « vitriols? » et plus loin : « Sauf indignité « dûment reconnue, l'avancement doit être « donné à l'ancienneté, le commandement des « troupes doit être pris en aussi grande « estime que le service d'état-major ».

Cette situation se résumait par la recommandation suivante d'un colonel à son neveu: « Si tu veux avancer, il ne faut pas que dans

« tes notes, il y ait un si, un mais ou un seu-
« lement, elles seraient jetées au panier et ta
« proposition avec. »

Ce vice était tellement apparent, il y a déjà
longtemps, que M. de Freycinet, alors ministre, envoyait aux inspecteurs généraux la circulaire suivante qui n'eut d'ailleurs pas plus
d'effet qu'un cautère sur une jambe de bois.

Les officiers sortis du rang.

« L'examen que je viens de faire de la com-
« position des cadres supérieurs de l'infan-
« terie et de la cavalerie a donné lieu à
« certaines observations sur lesquelles j'ai
« l'honneur d'appeler votre attention.

« Sur un total de 224 officiers géné-
« raux appartenant actuellement à ces deux
« armes, 4 seulement ne sortent pas de Saint-
« Cyr.

« Sur un total de 265 colonels, 7 ne sortent
« pas de Saint-Cyr, et, sur un total de
« 325 lieutenants-colonels, 42 ne proviennent
« pas de cette école.

« Dans les armes de l'artillerie et du génie,
« l'officier sortant de la troupe ne parvient

« au grade d'officier général, ou même de
« colonel ni en temps de paix, ni en temps de
« guerre. Il ne dépasse pas le grade de lieu-
« tenant-colonel en temps de guerre, et il ne
« l'atteint pas en temps de paix (en 1899, un
« colonel et un lieutenant-colonel sur un to-
« tal de 266). La part plus grande de l'élé-
« ment technique dans ces deux armes en est
« la cause : mais il semble pourtant, qu'une
« certaine proportion des grades supérieurs
« devrait revenir normalement aux officiers
« sortis de Versailles.

« Aux époques antérieures, alors que des
« guerres fréquentes permettaient à un plus
« grand nombre d'officiers de témoigner de
« leurs aptitudes au commandement, les pro-
« portions que je viens de signaler étaient
« sensiblement différentes.

« D'une façon générale, on peut donc affir-
« mier que les qualités qui se manifestaient
« alors, grâce aux événements militaires, et
« qui existent, à coup sûr, encore actuelle-
« ment, ne sont peut-être pas suffisamment
« mises en relief par l'avancement accordé
« aux officiers sortant du rang.

« Cet état de choses ne saurait se perpé-

« tuer sans avoir dans nos cadres un reten-
« tissement aussi profond que regrettable.

« En conséquence, j'appelle d'une façon
« particulière votre sollicitude sur cette si-
« tuation, persuadé que je suis que l'esprit
« de justice dont les commissions de classe-
« ment sont animées saura accorder une plus
« large satisfaction à des mérites qu'il im-
« porte d'encourager. »

Signé : G. DE FREYCINET.

« Ah ! le bon billet qu'a La Châtre ! » vous
figuriez-vous qu'il serait tenu compte d'un
vœu de ministre essentiellement amovible et
qui n'était pas de la partie ?

Un ministre qui est du métier, a plus de
chances d'être écouté, surtout lorsqu'il a la
poigne nécessaire pour imposer sa manière
de voir, aussi le projet nouveau est-il déjà ac-
cueilli avec faveur par le plus grand nombre,
imbu de l'idée de justice inhérent à notre
race.

La question a été fort discutée, on a pris
des comparaisons avec l'étranger, mais c'est
toujours la copie de quelqu'un et si la copie
a du bon quand on ne peut trouver du neuf,

il est meilleur de prendre une solution nouvelle lorsqu'on entame un nouvel ordre de
choses.

La majoration d'ancienneté est certes
bonne, mais elle est illimitée, sous le rapport
du nombre des sujets auxquels elle est applicable et dès lors revient indirectement au système abandonné. De plus elle est fixe, ou du
moins on la propose telle tandis que la vraie
majoration est celle des services accomplis,
majorez donc les campagnes en sus du service
normal.

Cette situation ne peut durer plus longtemps; si l'on veut, on peut s'en tirer assez
aisément.

De quoi se plaint-on ? Que l'on récompense
le service à rendre et non pas le service rendu ?

Hé bien, décomptez les services tels qu'ils
sont décomptés pour la retraite.

A la date du 1er janvier de chaque année, la
liste est dressée dans chaque arme et grade
par ancienneté et campagnes. Le temps de
campagne se décompte par jours depuis le
départ jusqu'au retour, permissions non comprises si elles retardent le retour. On ne peut
en effet, pas admettre un voyage d'agrément

comme service de guerre. On obtiendra donc une armée de services plus tant de jours de campagne.

Chacun passant à son tour dans l'armée coloniale peut y rester si sa santé le lui permet ; l'armée d'Afrique ferait partie des troupes coloniales.

CAMPAGNES

Il faudrait remanier un peu la question des campagnes ; on ne peut pas assimiler à une campagne, le fait de tenir garnison dans les départements algériens ; on pourrait au contraire assimiler au moins pour la saison d'hiver, certaines garnisons de nos hautes montagnes où le climat est fort dur ; les corps y tenant garnison jouiraient de ce bénéfice. En revanche, les campagnes seraient simples pour tous pays situés hors des départements français et algériens. On est tombé dans l'abus sous ce rapport et il faudrait se souvenir que les combattants de 1870-1871 n'ont compté qu'une campagne après avoir combattu successivement l'Allemagne et la Commune.

Comme corollaire, il faut rendre le grade

militaire indépendant du grade dans la Légion d'honneur.

S'il faut des gens jeunes, il n'y a qu'à faire à côté de l'avancement à l'ancienneté par services ainsi tarifés, un tableau de choix hors tour où ne seraient inscrits que les mentionnés à l'ordre pour action d'éclat et leur donner le grade militaire au temps minimum pour faits de guerre. La Légion d'honneur récompensera d'autres services rendus dans des conditions où le défaut d'ancienneté dans le grade précédent ne peut admettre le don du grade suivant.

Il y a là tout un remaniement complexe, il est vrai, mais non insoluble, car il faut bien aussi que les serviteurs qui n'ont pu partir jouissent du prix de leurs peines obscures.

De cette façon sera faite aux combattants la place qu'ils méritent et, quand bien même nos généraux devraient tous venir des troupes coloniales dans l'armée de la métropole, la garantie n'en serait que plus grande comme commandement, la jeunesse d'âge plus sensible et après la récompense due à leur labeur, ceux-là feraient place à d'autres, appelés à leur succéder.

17.

Place aux Combattants !
telle est la devise à adopter ; elle est plus normale que le numéro de classement de sortie de l'Ecole.

Un colonel était proposé pour général et en compulsant les nominations, s'écriait à chaque camarade promu : « Mais il n'avait que le nº 8 et j'avais le nº 4 ! » Il n'en sortait pas et ne voulait pas se rendre compte que depuis trente ans les autres s'étaient déplacés sous tous les climats et que lui n'avait pas bougé. De guerre lasse, il fit composer (s'il ne le composa pas lui-même) un article élogieux de journal, qui le représentait l'œil tourné vers la frontière dans une fière attitude similaire de celle de Ney au passage de la Bérézina ; il fut nommé, mais il regrettait toujours son numéro de sortie, qui eût dû être celui de sa promotion.

Un autre attendait depuis longtemps ; finalement il s'écria : « Je les trufferai tant, qu'ils en mourront ! » Il tint parole et les invita tellement à dîner que pour éviter la mort ses supérieurs le firent nommer.

AVANCEMENT DANS LES RÉSERVES

En France, les réserves se recrutent comme officiers :

1° Par les officiers démissionnaires qui y sont appelés par leur âge, ou en font la demande :

2° Par les anciens sous-officiers dans les mêmes conditions ;

3° Par les engagés conditionnels qui ont servi deux ans ou un seul ;

4° Par les caporaux ou simples soldats qui satisfont à des examens.

Je copierai textuellement un article d'une revue militaire, émanant d'une sommité :

« Parmi les officiers auxiliaires provenant
« des sous-officiers, il y en a de bons et de
« mauvais et la valeur des individus varie à
« l'infini, mais ce que l'on ne saurait trop
« blâmer, c'est l'ordre même dans lequel se
« font les nominations et surtout l'absence
« de principes qui y préside ; d'où cette consé-
« quence invraisemblable qu'il suffit de quit-
« ter l'armée active pour devenir le supérieur
« de ceux qui y restent.

« Nous en avons quotidiennement des
« exemples sous les yeux : voici deux sous-
« officiers de la même classe, l'un très supé-
« rieur à l'autre en tous points, sergent-ma-
« jor ou maréchal des logis-chef au moment
« de sa libération, il aspire à l'épaulette à bon
« droit et se rengage. Le second qui est sous-
« officier et n'a aucune chance d'arriver plus
« loin, rentre dans ses foyers ; il est nommé
« sous-lieutenant de réserve et retrouvera
« sous ses ordres les années suivantes, celui
« qui était son supérieur et dont le seul tort
« a été de continuer une carrière que l'autre
« a abandonnée. Bien mieux ! si le premier
« n'est admis à Saint-Maixent ou à Saumur
« que 3 ou 4 ans plus tard, il a chance de se
« retrouver comme sous-lieutenant sous les
« ordres du réserviste devenu lieutenant.

« Enfin (ce qui se produit trop fréquem-
« ment en raison de l'énorme quantité des
« candidats aptes à concourir pour l'école in-
« directe) si notre rengagé quitte le service
« comme sergent-major ou adjudant, il se
« trouvera au bout de 6 ans de grade, le cadet
« de son ex-subordonné qui a quitté le service
« après un an de grade !

« La situation des anciens engagés condi-
« tionnels est identique, tel était le premier de
« son cours qui est resté au service et veut en
« faire sa carrière, il n'arrive à l'épaulette
« que cinq ou six ans plus tard, s'il y arrive ;
« le dernier du même cours, craignant d'être
« *sec* à l'examen et forcé de redoubler, a pris
« les devants et s'est rengagé pour un an ;
« à la fin de sa seconde année, il a été nommé
« sous-lieutenant de réserve et est devenu le
« supérieur du premier, celui-ci est resté
« homme de troupe, l'autre vit et fraye avec
« les officiers.

« La cavalerie est pourtant l'arme la plus
« favorisée pour la constitution de ses cadres
« auxiliaires ; les démissions d'officiers de
« l'armée active sont nombreuses et c'est cette
« catégorie qui forme les éléments les meil-
« leurs.

« Quant aux officiers retraités ils rendront
« d'excellents services en cas de mobilisation,
« dans les dépôts et les services sédentaires,
« mais ils ne pourront tenir leur place dans
« les armées en campagne qu'à titre excep-
« tionnel, tant qu'on n'aura pas adopté la re-
« traite proportionnelle.

« Puisque les sous-officiers peuvent se re-
« tirer à quinze ans de service avec une re-
« traite et généralement la médaille militaire,
« il n'est pas admissible que les officiers ne
« jouissent pas du même privilège, c'est une
« inégalité à leur détriment et ils sont même
« moins bien partagés, s'ils quittent l'armée
« avant trente ans, que celui qui en est chassé
« et a droit à un traitement de non-activité
« ou de réforme.

« On pourrait ajouter que dans le cadre
« auxiliaire, l'avancement n'est soumis à au-
« cune règle, à aucun principe. On accorde
« dans l'armée territoriale, par exemple, les
« galons avec plus de facilité que dans l'ar-
« mée active, ce qui expose les vrais mili-
« taires à se trouver les inférieurs de ceux
« qui n'ont pas servi.

« C'est à cela qu'est due la déconsidération
« dont se plaignent les cadres de l'armée de
« seconde ligne, lorsqu'ils accusent le cadre
« actif de manquer de camaraderie.

« Les Elèves de Polytechnique sortis dans
« les services civils jouissent dans le cadre
« auxiliaire d'un grade assimilé à la fonction
« qu'ils exercent et sont les supérieurs mili-

« taires de leurs camarades qui sont entrés
« dans l'armée.

   « Le lieutenant Amelot, de la légion étran-
« gère, tué au Dahomey, avait dû donner sa
« démission de capitaine territorial pour re-
« prendre son grade de lieutenant.. C'est la
« preuve flagrante que les grades ainsi confé-
« rés n'ont pas la valeur de ceux de l'armée
« active.

   « A l'issue d'un cours d'instruction à Sau-
« mur, M. X sort troisième, quitte le service
« et est nommé lieutenant de réserve. M. Z
« sort avant-dernier, donne sa démission et
« est nommé capitaine territorial. Quelques
« années après, M. X passe à son tour dans
« l'armée territoriale comme capitaine et se
« trouve le subordonné de M. Z devenu chef
« d'escadrons.

   « Si dans le début on n'a pas pris l'armée
« territoriale au sérieux, il faut en revenir au-
« jourd'hui que la constitution des régiments
« mixtes l'exige.

   « Pour comprendre et expliquer cet état
« de choses, il faut remonter à l'origine ; les
« cadres de l'armée territoriale ont été rem-
« plis trop hâtivement, aucune règle ne pou-

« vait y présider puisque tous les candidats
« avaient servi pendant la guerre, et porté de-
« vant l'ennemi des galons qu'il a fallu leur
« rendre, chose légitime.

« Or, l'origine même des galons conférés
« pendant la guerre défiait toute réglemen-
« tation ; on a vu d'anciens officiers de l'ar-
« mée active sous les ordres de jeunes offi-
« ciers supérieurs qui n'avaient été que
« sergents pendant leur congé ; mais il n'en
« est plus de même aujourd'hui, il ne doit
« plus exister qu'un moyen de prendre pied
« dans la hiérarchie militaire : *le service dans*
« *l'armée active*, en se souvenant que les
« mêmes galons doivent avoir la même va-
« leur, sinon c'est le chaos.

« Nous disposons d'excellents éléments qui
« peuvent défier ceux de n'importe quelle
« puissance, il ne s'agit que de les mettre en
« œuvre au mieux des intérêts de l'armée et
« du pays qui sont solidaires. »

L'Autriche a adopté à peu près complètement le système prussien.

L'Angleterre comporte notre mode d'avancement, aux congés près, dans l'armée active,

et exagère encore notre incurie des réserves pour sa milice et sa yeomanry.

L'Italie flotte entre le système aristocratique et le démocratique, sans avoir encore su utiliser les sous-officiers comme officiers de réserve.

Quant aux Russes, ils n'ont pas voulu sortir de la routine des Cadets et ils ont une telle répugnance à se servir des *gradés* subalternes qu'ils ne peuvent encore trouver le cadre nécessaire aux formations de deuxième et troisième lignes. Ils seraient même dans une pénurie considérable, s'ils étaient obligés de mobiliser leurs forces.

Il faut des cadres aux réserves ; tant mieux pour ceux qui bénéficieront de la situation. Avec le système présent, il est impossible d'y rien changer ; le réserviste a des charges, une obligation de gagner sa vie, qui n'incombent point à l'actif ; dès lors, il est juste qu'il profite de l'avancement qui se présente dans sa catégorie, puisque cet avancement est distinct.

A grade égal, sauf exception des officiers en provenance de l'active, l'actif a le commandement sur le réserviste ; pour accentuer encore ce commandement les sous-lieutenants passent lieutenants au bout de deux ans ; les réservistes attendent les vacances. La différence des situations n'est pas durable et puis enfin, on ne trouve pas d'officiers de réserve, il faut évidemment les attirer par quelque chose. D'un autre côté il faut donner la même valeur aux galons et c'est ici que la codification s'embrouille, dit-on !

Cependant si l'active adoptait le principe de l'avancement à l'ancienneté par le service rendu, il serait assez loisible de rapprocher celui de la réserve de l'autre au moyen d'une combinaison pratique ; pour cela, il faut admettre comme pivot fondamental, la retraite proportionnelle :

1° Tout officier retraité avant trente ans de services passe dans les réserves jusqu'à l'accomplissement de ce temps.

2° L'avancement s'y produit, comme dans l'armée active, à l'ancienneté de services majorés de nombre de jours de convocation dans l'année. Les officiers de réserve pouvant accomplir des convocations sans solde, bénéficieront de la majoration, s'ils sont ambitieux et tiendront momentanément la place d'un actif absent (quel que soit le motif) ceci est un appoint au point de vue du service général, utile au point de vue instructif et pratique au point de vue économique.

3° Les officiers peuvent provenir soit directement de l'armée active avec leur grade, soit de nominations faites au titre de la réserve.

4° Les officiers, qu'ils proviennent de l'active ou de la réserve ne passeraient de la réserve dans la territoriale qu'une fois leur remplacement assuré dans leur emploi, tant qu'ils n'ont pas trente ans de services, s'ils sont démissionnaires ou retraités proportionnels, ou cinquante ans d'âge, s'ils sont en retraite, la réserve devant être la première pourvue de cadres.

Mais pour cela, il faut encore une fois que les cadres retraités ou démissionnaires, avancent avec leurs camarades de l'active, et qu'ils ne soient pas exposés à se trouver commandés par leurs anciens subordonnés.

On voit un ancien aide de camp écrire à son ancien général et signer : X... soldat de 2° classe au 525° territorial. Vous représentez-vous cet ex-capitaine sous les ordres d'un ancien inférieur ? Quel est celui qui comman-

dera des deux dans une circonstance critique?
Et alors que devient la discipline? Certes il
faut des grades pour savoir à qui revient le
commandement, mais dans les moments de
péril, celui qui mène est toujours l'idoine et
pas toujours le galon.

Un capitaine très brillant qu'on omet de
proposer à l'avancement donne sa démission;
j'avais servi sous ses ordres, je le rencontre
et le salue aux Champs-Elysées : « Bonjour,
mon capitaine ! »

— « Je ne suis plus rien que simple soldat
territorial. J'en ai assez. » Ceci est net : l'im-
prévoyance de l'armée active qui persiste à
se croire seule « l'Armée » a amené l'écœurement.

Hé bien ! la base de tout est l'avancement
dans l'active et c'est limpide : il faut qu'il soit
juste et il ne peut l'être davantage que par la
majoration des services de guerre. Majorez,
si vous voulez, l'état-major d'un mois par an :
des années de treize mois, c'est joli. Les
avancistes prendront leur tour d'embarquement ; les autres resteront dans la métropole,
mais donnez-leur l'avancement à part dans
leur corps ouvert à tout venant et à tout par-

tant pour qu'ils ne dépouillent pas les autres.

Pour les cours d'instruction on peut égale-ment majorer les premiers d'un mois par an jusqu'au grade suivant, et laisser les expédi-tions faire le reste.

Oh ! les critiques n'ont pas manqué ! Dans une revue on pouvait lire cette interrogation : « A quoi cela pourra-t-il leur servir ? » Mais éphèbes de mon cœur, il ne s'agit pas de sa-voir à quoi l'armée peut vous servir, la ques-tion est de savoir en quoi vous pouvez servir à l'armée, ce qui est tout juste le contraire !

Ceci acquis, il reste à déblayer l'active au profit de la réserve d'abord, puis de la territo-riale : la retraite proportionnelle ferait pas-ser des actifs dans la réserve : celle-ci, avec un avancement normal et équitable conserve-rait davantage de cadres de sa provenance, parce qu'ils y trouveraient un avantage.

Si le quart de place n'est pas admis sur les réseaux ferrés pour toutes les réserves, ter-ritoriale comprise, qu'on excepte celle qui en a moins besoin que l'autre, mais que l'auto-rité l'obtienne pour les officiers de la réserve; si les compagnies regimbent qu'on négocie le demi-tarif, les voyageurs de commerce l'ont bien ! En tous cas il est facile de tenter la première expérience sur le réseau de l'État qui trouvera plus lucratif de transporter vingt voyageurs à 1/4 de place que trois à place entière ; les autres réseaux suivront tout seuls.

Vous ne pourrez sans cela convoquer vos officiers de réserve aux conférences, expériences et exercices qui leur seraient utiles et créer cette soudure indispensable entre la nation et son active qui en est l'expression militaire permanente. Aujourd'hui l'armée c'est tout le monde, par conséquent il faut faire participer chacun le plus possible à l'instruction militaire, tout en créant le minimum de charges et de dérangement.

Pour attirer un plus grand nombre d'officiers dans la réserve il existe encore un moyen. L'Autriche confie des chevaux de l'État à des particuliers qui se chargent de leur entretien. Qui vous empêche d'agir de même tout en donnant à cette mesure un caractère encore plus militaire ? Les officiers, en permission, peuvent emmener leurs chevaux qui sont nourris aux frais de leur corps. Ici vous pouvez faire une économie : accordez aux officiers montés qui partent en long

congé, l'autorisation d'emmener leurs chevaux, quitte à les nourrir à leurs frais avec
obligation de les représenter à leur retour.

Etendez cette licence aux officiers de la réserve qui en feront la demande. « Ils les attel-
leront, dira-t-on ! » Et puis après ? est-ce que
tout cheval n'est pas fait pour tirer et pour
porter ? Quand un homme a un paquet, il le
met sur son épaule, s'il n'est pas trop lourd,
sinon il le roule en brouette. Mais le rêve est
au contraire d'avoir des chevaux à deux fins
et en tout cas vous y gagnerez d'entretenir
dans l'exercice du cheval parfois trop dis-
pendieux pour certaines bourses, des officiers
qui peuvent vous être utiles. Cette latitude
peut et doit vous donner des réservistes qui
sans cela iront dans la territoriale. L'auto-
mobile a commencé la démolition du cheval ;
prenez-y garde, la beurrerie va achever son
extinction. Le métier d'éleveur ne subsiste
plus guère que par les remontes de l'armée ;
il est plus lucratif d'élever des vaches que des
chevaux ; beaucoup de pays, chevalins jadis,
n'en font plus, et le jour d'une guerre, vous
serez bien contents de retrouver des chevaux
qui vous seront nécessaires, des officiers en-

tretenus dans l'équitation et vous n'aurez payé au demeurant que le prix d'achat des animaux. Ce matériel spécial est à considérer de près.

Enfin, il est une expérience à faire au point de vue émulation : pour les expéditions précédentes (Madagascar, Chine) on a créé un régiment provisoire d'infanterie ; créez-en donc un de réserve la prochaine fois, par engagements volontaires ; vous aurez peut-être lieu d'être très surpris du rendement imprévu que vous obtiendrez ; mais pas de mélange sinon tout est perdu, laissez le corps formé sur lui-même et rien que de réservistes du chef au dernier soldat. Si le résultat est concluant, il aura son contre-coup sur tout le système général et amènera peut-être la découverte de l'équilibre que nous cherchons à tâtons.

Or, que veut-on ? L'armée qui coûte le moins et pour arriver à ce but on propose tout de suite des rengagements qui entraînent à un surcroît de dépenses, c'est au moins bizarre au point de vue économique, et rétrograde sous le rapport des idées courantes puisque c'est le retour déguisé à l'armée professionnelle qu'on s'est appliqué à détruire.

Il faut donc trouver le moyen de tabler avec le moins de rengagés possible.

— Tout ce qui vient d'être examiné se résume à ne rengager que des spécialités, telles que : ordonnances, secrétaires, maîtres d'armes, maréchaux, ouvriers.

— Vos cadres seront complets par suite de la suppression de l'école directe et les rengagés non spéciaux se raréfieront de plus en plus.

— La retraite proportionnelle permettra de remplacer petit à petit par un cadre de réserve, les cadres actifs qui sont en surnombre, le cadre complémentaire actif coûte le double du même pris dans la réserve.

— L'avancement dans la réserve peut et doit donner des stages sans solde.

— Les congés sans solde, de courte ou de longue durée donneront un gain appréciable, si on laisse aux bénéficiaires la faculté de s'en servir et si on laisse courir leur ancienneté.

— Le rétablissement de la pension dans les écoles d'officiers fait rentrer une part des déboursés afférents à ce chapitre.

18

— L'entretien des chevaux prêtés aux officiers est une autre économie.

— Le rétablissement du remplacement partiel empêche le déchet d'un effectif déjà réduit de 1/3, donne du pain à de pauvres diables et déblaie la voie publique.

— Enfin, une économie bien entendue ne ferait accorder la solde de présence qu'aux absents pour cause de maladie ; les permissions ne comporteraient que la demi-solde, ainsi que le veut le règlement.

— Puis l'économie de la troisième année supprimée et dont les dépenses n'existent plus.

Le système n'est pas parfait, mais il se tient et coûte peu à essayer.

S'il faut reconstituer l'armée professionnelle, cela coûtera très cher, car c'est, dans les conditions actuelles, le rengagement sur toute la ligne. Dès lors, c'est le retour à la loi de 1868. Or, l'armée de rengagés vous l'avez déjà, c'est l'armée coloniale.

Nous avons vu plus haut, que l'armée métropolitaine n'est plus qu'une garde nationale mobile. Ce qui coûte cher, c'est justement de solder tout cela en même temps. La garde mobile n'était soldée que pendant sa convocation ; s'il avait fallu la solder en permanence, la crise financière dans laquelle nous nous débattons aurait éclaté trente ans plus tôt.

Tant que le cadre actif ne sera pas ramené à sa juste proportion, il est impossible de faire des économies.

Pour le ramener à cette proportion, il faut pouvoir remplacer le surplus par un cadre de réserve.

Pour avoir un cadre de réserve il faut la retraite proportionnelle dans l'armée active et un avancement sortable dans la réserve.

La suppression de l'école directe donnera d'excellents cadres inférieurs, puisqu'ils seront candidats à l'épaulette.

Le tour d'embarquement permettra d'avoir des chefs arrivés jeunes et par le service rendu.

Ces deux choses assureront la concorde dont on a tant besoin, à l'heure actuelle.

Si, au contraire, on maintient la double origine et la faculté d'arriver aux hauts commandements sans avoir fait la guerre, les déshérités fonderont une société de secours mutuels qui s'appuiera sur les hommes arrivés à une situation politique, tout comme les autres s'appuient sur les militaires qui ont atteint le haut de leur hiérarchie et de part et d'autre, ce sera une compétition acharnée qui n'en restera pas aux solutions pacifiques, étant donné les appuis des antagonistes. Il faut éviter cela à tout prix, ce serait accentuer la lutte encore sourde entre l'élément civil et l'élément militaire, alors qu'il faudrait au contraire la faire disparaître au plus tôt, ceci n'est pas moins important que de ramener la dépense à son minimum.

On ne traite pas en brutes des gens dont on avoue ne pouvoir se passer et les mouches ne se prennent pas avec du vinaigre.

En Allemagne, très peu d'officiers sortent des cadets; la grande majorité provient du rang et leur instruction personnelle est bien inférieure à celle des officiers de France de la même catégorie, quoi qu'on en ait dit.

RÉCAPITULATION

Il ne reste plus qu'à récapituler l'ensemble des mesures qui s'épaulent toutes dans cette étude rapide et nous aurons terminé l'examen de la loi rationnelle que toute la population attend, aussi bien la partie militaire que la partie civile.

Le désaccord entre ces deux catégories provient d'une paix continentale intense qui n'a pas permis de découvrir le véritable point de vue :

Il y a deux armées : l'armée militaire, qui est à la caserne et l'armée civile, qui est dans ses foyers. La première a continué à se croire seule monopolisant la prérogative de marcher au feu et a traité l'autre par dessous jambes; cette dernière s'est rebiffée sachant parfaitement que la première est impuissante sans elle; puisqu'elle doit participer au péril, elle demande à participer aux honneurs et la tension ne cessera que lorsqu'elle aura reçu satisfaction. Le courant n'est pas neuf; il date de la fin de la guerre de 1870-1871, où, lors de la refonte des anciens régiments avec les régiments de marche, il n'était pas rare d'entendre des aménités s'échanger, telles que : « moblots, outranciers » auxquelles on ripostait par celle de « capitulards ». Toujours le même point de vue ! les professionnels insuffisants ne voulaient pas admettre que de nouveaux venus eussent pu tenir leur place, tout comme aujourd'hui ils ne veulent pas admettre que les réserves sont appelées à les suppléer.

Tout le monde ne peut pas être soldat en permanence, il faut donc s'outiller au mieux du but à atteindre. On demande le service de deux ans? Il n'est pas une gêne pour les armes à cheval plus que pour les armes à pied. Il manquera les hommes de 3° année, mais nous savons par ce qui précède qu'il n'en existe guère qui ne soient embusqués dans un service spécial, qui n'a généralement rien de militaire. Il s'agit donc d'avoir des rengagés seulement pour les emplois spéciaux. On ne peut pas du tout savoir dans quelles proportions on en aura; il faut voter la loi d'abord, on la modifiera ensuite si elle ne donne pas les résultats qu'on en attend, mais il est probable que le nombre voulu rengagera presque au complet.

Le rengagement des gradés est trop onéreux, on peut les remplacer à moins de frais par la suppression de l'école directe qui fera apprendre aux futurs officiers les dessous du métier qu'ils ignoraient jadis et détruira bien des préventions injustifiées. On y trouvera d'abord une meilleure camaraderie par suite de l'unité d'origine et nous avons besoin de la paix intérieure. Il n'y a pas de sot métier, mais il se trouve de sottes gens. On n'est pas déshonoré pour avoir porté le sac. Si les futurs officiers font le métier de simples soldats, ils peuvent se consoler en pensant que les Polytechniciens entrés dans les chemins de fer, y font le service de chauffeurs; beaucoup d'inspecteurs distingués ont tourné les wagons sur les plaques.

Il est toujours bon de connaître les ficelles d'un métier, quand on arrive à commander; on sait, par expérience, ce que l'on peut exiger.

L'avancement est connexe à la réduction du temps de service et donnera des chefs très jeunes, par suite de la majoration par les campagnes; il sera dû aux services rendus et ne donnera pas lieu aux critiques violentes que soulève le mode actuel qui fait constater avec regret qu'il y a malgré beaucoup d'hommes de talent une trop forte proportion de nullités qui parviennent au sommet de la hiérarchie.

Il faut organiser la réserve, y attirer le plus possible de cadres par des avantages palpables et arriver ainsi à supprimer les cadres actifs complémentaires qui coûtent trop cher. Le proverbe : « Pas d'argent, pas de Suisses » peut s'appliquer à toutes les nations, à défaut, il faut donner autre chose, on offre bien des primes pour avoir des rengagés ! Former les réservistes sur eux-mêmes au lieu du mélange actuel nuisible au bon esprit.

Donner à la réserve un avancement propre à elle, y compris la place de lieutenant-colonel complémentaire, fonctions que pourrait parfaitement remplir un officier supérieur en retraite. Comme il se trouvera des officiers issus les uns de l'active, les autres de la réserve, faire les tableaux d'avancement doubles, s'il se trouve des anciennetés égales.

Dans certaines armes montées, on pourrait obtenir par ces avantages la suppression de beaucoup de capitaines en second qui seraient ainsi remplacés par autant de la réserve puisqu'ils sont là dans le seul but de commander des fractions de réserve. Dans ces mêmes fractions le chef d'escadrons du régiment de réserve appartiendrait à cette catégorie, ce qui créerait un débouché et en supprimerait un permanent.

Les convocations de la réserve réduites à 15 jours; celles de la territoriale supprimées, sauf changement d'armement ou de tactique.

La conséquence sera d'avoir des formations homogènes; après tout les régiments de 1792 avec leur bataillon d'armée régulière et les deux de volontaires ont fait honorable figure, et les mobiles de tous départements ont bien marché; il n'en eût pas été de même, peut-être, à la suite d'un mélange.

Evidemment, tout cela ne vaut pas le professionnel, mais il faut le nombre. Il faut donc arriver à l'avoir d'abord, l'encadrer ensuite, l'instruire après. L'encadrement de la réserve par elle-même permettra de réduire le cadre actif au nécessaire pour l'active; quant à l'entraînement, il est bien certain qu'il n'existera jamais, à moins que la guerre ne soit déclarée à l'issue d'une période de convocation générale, ce qui est impossible.

Il y a lieu d'instruire plus sérieusement les cadres des réserves qu'on ne l'a fait jusqu'ici;

un grave travers consiste à ne leur donner aucun enseignement pratique. Les uns ne veulent rien leur apprendre de crainte qu'ils ne deviennent aussi aptes que leurs professeurs ; mais le triomphe de l'instructeur est de former des adeptes aussi forts que lui-même ! les autres, soit dédain, soit indifférence les considèrent comme inutilisables. Un officier d'artillerie de réserve a passé une période de convocation à aller au fourrage aux lieu et place des officiers actifs.

Des gens qui ont de la bonne volonté et auxquels on se donne la peine d'apprendre quelque chose le retiennent et peuvent rendre des services sérieux, c'est à quoi il faut arriver.

La masse de la nation aime l'armée, mais l'active malheureusement a montré trop de tendance à asservir le reste et de suite la résistance est arrivée. Cette tendance à rançonner à la façon des lansquenets n'est pas le fait de l'active, c'est celui d'une minime bande de meneurs scolaires déjà signalés précédemment. Quand l'origine unique par le rang aura ramené tout le monde à la saine notion des choses, il est probable que l'accord sera fait rapidement entre ceux qui émettaient la prétention de se faire cirer les bottes et ceux qui se refusaient à le faire.

Enfin, il serait à souhaiter que l'on se décidât à faire vendre par les domaines, les vieux matériels hors d'usage et de modèle périmé qui coûtent plus cher d'entretien que ne rapporte leur vente et empêchent leur remplacement par des approvisionnements plus appropriés aux progrès récents, sans compter le personnel inutile chargé de le couver des yeux. Cette économie serait une des plus appréciées.

L'ANTIMILITARISME

Au moral, donc, on demande que l'armée active fasse le métier pour lequel elle est soldée et ne vienne pas introduire dans la marche générale des choses sa manière de voir personnelle avec la menace permanente d'un *pronunciamento* contre le gouvernement qui a cessé de lui plaire. Elle doit être impassible; l'abandon de cette impassibilité amènerait à scinder les réserves en armée à part, n'ayant aucune hiérarchie commune et capable d'être opposée aux entreprises de la première; ce qui serait regrettable. L'expérience a failli se faire sous nos yeux en Bretagne, où les anciens soldats, devenus électeurs, ont été sur le point d'entrer en collision avec la troupe régulière. Une semblable solution n'est pas à souhaiter et il paraît préférable de voir le cadre permanent adopter les mœurs de tout le monde et dépouiller l'arrogance et la plénitude de soi-même qui provient en grande partie de certaines tendances scolaires. Ceci obtenu nous aurons acquis la bonne harmonie entre les populations et les garnisons et le premier point du programme sera élucidé. Il ne faut pas oublier, en effet, qu'à part de rares gros traitements civils, les grades militaires moyens sont aujourd'hui beaucoup mieux rémunérés que les emplois correspondants de la hiérarchie administrative, il semble donc anormal de leur voir émettre la prétention de prendre encore le pas sur tout le monde.

« Cedant arma togœ » était la règle des Romains et du jour où ils l'ont laissée tomber en désuétude, ils n'ont plus eu que des révolutions militaires. Je ne suppose pas que ce soit le but rêvé.

LE SERVICE DE DEUX ANS

La loi de deux ans est demandée parce qu'on s'est aperçu qu'on refaisait le même travail de Pénélope pendant tout le temps de présence sous les drapeaux.

Or, la richesse nationale est la résultante du travail général; si donc, la 3ᵉ année ne servait qu'à répéter ce qui s'était fait la 2ᵉ et la 1ʳᵉ, elle n'avait pas de raison d'être; la conséquence était logique, mais la masse qui n'a envisagé dans la question que son bien-être immédiat ne se rend pas compte de la faiblesse des effectifs qui menace d'en découler. Ceux qui ont vu vrai avaient donné la bonne solution qui était de laisser la classe de 3ᵉ année à la disposition immédiate du ministre tout en l'envoyant en congé. Mais ce n'est pas seulement la question de présence sous les drapeaux qui est en jeu, c'est celle de sujétion à l'autorité militaire en dehors du service, c'est là ce qu'on veut fuir, à cause des tracasseries et vexations qui proviennent d'idées fausses.

Si chacun, selon son grade, se pénétrait de

l'idée que l'autocrate n'est sur terre que pour rendre heureux ceux qui sont ses subordonnés, tout en exigeant d'eux tout ce qu'ils doivent, le plus beau des métiers ne serait pas considéré comme une détestable chiourme. Ceci est un reste des brimades scolaires sévèrement défendues, mais toujours en vigueur. On se demande à bon droit de quelle utilité elles peuvent être ! Il en découle une rancune qui fait plus tard surgir une liquidation personnelle entre la victime et le bourreau; il est impossible de ne pas trouver juste que le brimé après avoir attendu longtemps se venge de faits ignorés et qui ne tombent sous le coup d'aucune loi, d'aucun règlement.

En outre, si avec la loi de 7 ans, où on ne commençait à rengager qu'à la 8ᵉ année, la dépense était peu forte, avec celle de 3 ans, il a fallu la doubler au moins, puisque le rengagement commençait à la 4ᵉ année; or, avec la loi de 2 ans, si cette idée continue son cours, il faudra donner primes et hautes payes à partir de la 3ᵉ, ce qui sera fort onéreux, si on ne prend pas pour gradés les candidats à l'épaulette.

Consultez la nomenclature des hommes de

guerre sortis du rang et vous vous convaincrez qu'on y est en bonne compagnie. Il est de bon ton parmi les scolaires de railler les rares grands chefs de cette origine que nous possédons encore; il y a peu de temps, on a pris pour tête de turc un homme de grand bon sens qui parlait aux petits le langage le plus à leur portée et s'exprimait avec des métaphores qu'on s'empressait de tourner en ridicule. Est-ce là de la discipline ? et que n'eussent-ils point dit si l'on avait bafoué l'un des leurs de la même manière ? Il est de bon ton de dauber un ministre, il était proscrit même de critiquer ses prédécesseurs. On ridiculise un civil qui fait des réformes, on exalte un militaire qui est loin de le valoir, etc... et on prétend être les gardiens de la saine tradition. Il n'y en a qu'une : obéir et se taire, malheureusement elle semble oubliée.

Pour en revenir à la crise financière qui nécessite l'adoption du service de deux ans, évoquons ces paroles, écrites dès 1884 par un général, profond observateur, aujourd'hui disparu :

« Le nombre d'emplois publics et de concessions de toute nature productifs de revenu ne pouvant plus suffire à l'apaisement des appétits surexcités, des créations nouvelles ont été faites, et, pour les multiplier encore, des pensions de retraite anticipées ont été attribuées à une foule de fonctionnaires en suspicion. De cet ensemble d'erreurs, de fautes, résultent, pour la paix intérieure un péril permanent et, pour la richesse publique, une dépression qui se traduit par d'insurmontables difficultés budgétaires. »

Il est difficile de démontrer plus clairement la source.

Mais alors, si l'on supprime les cadres militaires qui n'auront plus de troupes à commander, il est non moins logique et indispensable de licencier les fonctionnaires civils inutiles qui sont légion et sur lesquels une commission parlementaire aurait beau jeu de s'exercer.

L'AVANCEMENT

C'est le dissolvant le plus complet de l'armée en général et de l'active en particulier. Il a été réglé à une époque où il avait une utilité pratique; aujourd'hui, nous sommes de vingt ans en retard, sous ce rapport.

TABLEAU DOUBLE

Tant que l'on conservera deux origines, il faudra avoir deux tableaux parallèles d'avancement, un pour chaque origine. Ceci se passe déjà partiellement dans l'armée du génie pour l'accession au grade de chef de bataillon, il n'y aurait qu'à la généraliser pour tous les autres grades et armes.

MAJORATION D'ANCIENNETÉ

Mais puisque la mode est aux majorations d'ancienneté, il est très facile d'en tirer parti :

1° Tableau d'embarquement pour passer dans l'armée coloniale où nul n'entre d'emblée et dont on peut passer dans l'armée métropolitaine pour raisons de santé ou au bout d'un nombre d'années à déterminer ; (actuellement on est rapatrié d'Algérie au bout de six ans. En revanche la marine n'embarque que pour deux ans.)

2° Majoration du nombre de jours de campagne en sus de l'année de service, même pour les officiers en congé sans solde qui ont fait campagne au service étranger. Ces officiers comptent leur année de service comme s'ils étaient présents.

3° Majoration à déterminer pour l'élève sorti le premier du cours d'application de l'Ecole de son arme, jusqu'au grade supérieur.

4° Majoration pour les élèves de l'Ecole de Guerre et se cumulant avec celle ci-dessus pour le premier du cours.

5° Majoration pour les officiers des réserves du nombre de jours de convocation sans solde exécutés dans l'armée en sus des convocations régulières.

6° Majoration du nombre de jours de convocation régulière, pour ces mêmes officiers.

7° Majorations permanentes annuelles pour les officiers brevetés d'Etat-Major, munis d'un diplôme d'ingénieur (Polytechnique ou Centrale) ou licenciés en droit (à fixer).

AVANCEMENT AU CHOIX

Un tour de choix (1/3) serait établi pour récompenser les faits de guerre. Le tableau épuisé ne serait renouvelé qu'en cas de nouvelle guerre.

LÉGION D'HONNEUR

Même avec la limite du temps de grade réduite de moitié, il se peut qu'on ne puisse récompenser un serviteur actif et valeureux. Le grade dans la légion d'honneur proportionné à celui acquis dans la hiérarchie militaire est un non-sens. Il devient par trop évident qu'on a voulu donner des rentes aux plus vieux militaires puisqu'il y a un traitement afférent aux divers degrés dans l'ordre.

Il faut rendre les deux choses indépendantes, afin de pouvoir donner le prix des services à ceux qui ne pourraient être avant longtemps, récompensés par le grade militaire. L'un n'a d'ailleurs rien à voir avec l'autre ; à une cérémonie de l'ordre, les titulaires prennent rang dans leur catégorie, à une réunion militaire, ils occupent leur rang de grade et d'ancienneté. Ne voit-on pas dans la vie usuelle, des supérieurs passer, selon les circonstances, de préséance momentanée, der-

rière leurs subordonnés ? (mariages, enterre-
ments, réunions de toute sorte).

Dès lors, toute question écartée, cette proposition qui n'est pas neuve, semble devoir
être adoptée.

Quand vous aurez satisfait l'armée active
par un avancement juste, ne froissant personne, vous aurez peut-être résolu le grand
problème du moment, le plus ardu.

Mais pour Dieu ! qu'on en finisse avec cette
idée fausse que celui qui n'a pas l'auréole de
l'Ecole directe ne sait rien ; il y a beaucoup de
gens qui n'en sortent pas et qui possèdent des
diplômes plus nombreux, une instruction plus
variée et moins monotonément uniforme, que
ceux qui ont l'estampille officielle et dans la
pratique journalière on n'est pas long à s'en
apercevoir. Aujourd'hui, vous avez la réaction
contre cette prétention et il est bon de crier
« Casse-cou » aux meneurs de cette campagne inintellectuelle et inintelligente.

Si un sportsman venait vous dire : « Je ne
trouve de bons chevaux que chez Bartlett ou
chez Chéry » vous vous diriez : « Voilà un
monsieur qui ne doit pas être bien fort, car
j'achète les miens au Tattersall ou à la foire,

ils sont tout aussi bons et j'économise l'intermédiaire. » C'est ce qui se passe tous les
jours en matière d'avancement et contre quoi
l'on crie au point que plusieurs ministres y
ont fait une sérieuse attention. Or la véritable
école est la pratique, la meilleure école de
guerre c'est la Guerre, et si l'on veut un bon
cadre, il ne doit y avoir que de bons chevaux
en tête de l'attelage : quelle que soit l'écurie
dont ils sortent.

Place aux Combattants !

Nul ne se plaindra jamais de l'avancement
de ceux-là.

LES RÉSERVES

Quand, à la suite de l'avancement par majoration, de la retraite proportionnelle, du bénéfice d'un tarif réduit sur les voies ferrées,
de la faculté d'avoir des chevaux sans les
payer, à charge de les entretenir, il est probable qu'on aura des officiers dans les réserves, quelle que soit la solution adoptée : ou
bien réserves accolées à l'active, c'est-à-dire
en bataillons spéciaux rentrant dans les régiments, ou bien réserves formant armée et ré-

giments à part, comme jadis la garde mobile.

Ceci serait plus économique encore, mais interromprait l'avancement actif pour de longues années ; il est clair qu'au fur et à mesure de la venue des officiers dans la réserve on pourra réduire proportionnellement les cadres devenus sans emploi dans l'active.

Ce qui est étonnant c'est qu'on ait attendu pour s'en apercevoir qu'il en manquât un chiffre considérable ; l'esprit scolaire avait encore fait des siennes, il se figurait qu'on serait trop heureux de porter l'uniforme et de quitter tout, affaires, intérêts, pour accourir au moindre geste ; voilà le résultat !

Quant aux anciens officiers, c'est encore plus drôle ! Du jour où ils ont quitté le service actif, ils sont censés avoir tout oublié et ne plus rien savoir, à tel escient qu'on les convoque encore pour trente jours tous les deux ans !

Pour les procédés, ils sont au moins bizarres.

« Le temps est, depuis de longues années passé où les officiers en activité se croyaient tenus à certaines marques de déférence vis-à-vis de leurs anciens rendus à la vie privée. »

Général TROCHU.

LES FAUX POINTS DE VUE

PETITS AVANTAGES

Pour terminer il y aurait également lieu de rectifier de vieux errements.

Les économies sont partout, avons-nous dit plus haut. Le métier militaire vivait d'une foule de petites prébendes accordées un peu par tout le monde, comme les voyages à prix réduits en chemin de fer. La suppression successive d'une foule de petites immunités a amené un réhaussement des prix qui s'est traduit par des augmentations de solde sorties du budget et qui ne compensaient pas les avantages supprimés.

FIGURANTS

Jadis, des hommes de troupe figuraient dans des théâtres, moyennant quoi les militaires jouissaient du bénéfice de moitié prix. Cette faveur a été supprimée par suite du retrait des figurants: ceux-ci s'amusaient, recevaient une petite indemnité (pas cher, 0 fr. 50) qui ne faisait de mal à personne, et du bien à eux et à leurs camarades qui aujourd'hui paient place entière.

PRIX EN ARGENT

Les prix en argent ont été supprimés comme déshonorants... Mais n'avez-vous pas des legs faits par des militaires de haut grade en faveur de certaines catégories de soldats et qui consistent en prix en espèces sonnantes?

Pourquoi donc empêcher un officier de gagner en concours ou en course, un prix qui le rémunère de ses suppléments d'avoine, flanelles, couvertures, couteaux à chaleur, voyages, hôtels et toutes dépenses supplémentaires ? l'entraînement ne se fait pas gratis et bien peu sont millionnaires !

Est-ce que les plus grands propriétaires se jugent déshonorés pour avoir gagné un prix de 800 francs sur un hippodrome ?

Rassurez-vous, l'objet d'art va généralement chez le brocanteur qui n'en donne pas cher et les boutons de manchettes se perdent si facilement !...

CARROUSELS

Dans aucune troupe montée on ne donne

de carrousels ; le prétexte est que la préparation nuirait à l'instruction.

Or, ouvrez le règlement où il en est question, et vous lisez : « Le carrousel est le couronnement de l'instruction. » C'est clair, mais il y a quelqu'un qui se trompe. Les mouvements de manège sont de tous les jours et il est bon de perfectionner par du nouveau, ne fût-ce que pour ne pas voir dormir les soi-disants instruits. Un carrousel est amusant, comporte la mise en œuvre de toute l'équitation et du maniement des armes, il fait plaisir à la population, à la troupe et aux pauvres car on le donne généralement dans un but charitable ; il serait très apprécié par la généralité de voir l'armée active en donner plus souvent à ce titre. Le jour de la fête du régiment par exemple.

LA SENSIBLERIE

Seulement il faudrait élaguer un peu la sensiblerie : dans un carrousel, un artilleur est tué et la séance est levée ! c'était inepte ! il fallait emporter prestement l'homme et continuer, attendu que sur le champ de bataille on ne doit pas s'arrêter pour ceux qui tombent.

L'armée de Wagram ne valait pas au dire d'un témoin oculaire celle d'Austerlitz, parce qu'à Wagram on portait les blessés aux ambulances ce qui permettait aux hommes de quitter le rang. C'est une question de moral à inculquer. On n'arrête pas la circulation pour un passant écrasé ! et la discipline est la résultante du moral.

BAIONNETTE INTELLIGENTE

Que n'a-t-on pas dit au sujet de la baïonnette intelligente ? Mais évidemment, elle doit être intelligente, sans quoi, une sentinelle ne serait pas capable d'exécuter une consigne, puisqu'elle doit agir selon des circonstances qu'elle est chargée d'apprécier; mais dès qu'elle se trouve commandée par une autre, elle n'a qu'à remiser son intelligence dans sa poche et manœuvrer au commandement.

JOURNAUX

L'action des journaux est très exagérée, il

y en a de bons, de mauvais ; interdire ceux-ci au quartier n'empêche pas de les lire au caboulot et d'ailleurs ils contiennent souvent des erreurs tellement palpables que leur influence en diminue d'autant.

Le départ de canonniers au bal voisin ou de tringlots chez le major y est généralement pour peu de chose, et, il y a nombre d'années, on a vu un escadron de cavalerie sauter le mur, puis une compagnie d'infanterie s'en aller folâtrer dans la campagne ; on n'avait pas fait tant de bruit pour ces exodes ; quelques punitions bien senties tant aux délinquants qu'à leurs chefs avaient tout remis dans l'ordre naturel.

Là où la presse donne parfois des idées fausses, c'est quand elle traite des questions techniques, comme par exemple la rapidité du tir.

Sous ce rapport on peut se rassurer : lorsqu'il s'agit d'adopter une carabine pour la cavalerie, trois systèmes étaient en présence : deux à chargeur, un à magasin. Toutes les expériences prescrites étaient terminées et les membres de la commission se morfondaient, lorsque l'un d'eux proposa de comparer les rapidités ensemble par rapport au tir coup par coup.

Immédiatement les paris s'engagèrent, le coup par coup gagna en rapidité et en justesse ; l'expérience fut recommencée en inversant les rôles des tireurs, puis en changeant les tireurs eux-mêmes, le résultat subsista et la commission conclut à l'adoption de l'arme à un coup qui étant d'un seul fût se serait trouvée plus solide qu'en trois morceaux. Le ministre répondit que pour ne pas effaroucher l'opinion publique, il était obligé d'adopter le système à chargeurs dont personne ne se sert jamais.

Voilà au contraire de quoi tranquilliser les trembleurs.

Notre armée est fort en progrès et chacun peut s'en rendre compte, sans chauvinisme.

Nous avons de quoi avoir la meilleure du monde, car notre matière première est incomparable, c'est à nous à le vouloir et vouloir c'est pouvoir.

Nul peuple ne possède les éléments que nous avons en main et il est enrageant de voir que l'esprit de coterie empêche d'utiliser cette mine d'or.

La synthèse de tout cet exposé nous est donnée par deux généraux bien connus dont la compétence n'est pas discutable.

Le premier disait en 1888.

« L'armée est aujourd'hui, avec un immense effort budgétaire une puissante machine de guerre mais son moteur est faible, par conséquent son jeu incertain. Quelques-uns de ses organes sont défectueux ou manquent de liaison entre eux ; c'est enfin une création dont le produit n'est pas en rapport avec son coût. »

Général TROCHU.

Voilà pour l'organisation, passons maintenant au personnel :

« Trop d'hommes incapables arrivent au sommet en vieillissant. Leur nombre dans le cadre de l'Etat-major Général est effrayant pour l'avenir de la patrie ; ils peuvent nous ramener plusieurs journées de Waterloo. »

Lettre du Mar. BUGEAUD au roi Louis-Philippe.

Les scolaires qui n'ont fait que changer de bancs et de pupitres toute leur vie s'imaginent qu'un soldat est un homme vêtu d'un pantalon rouge, aussi l'armée actuelle, calquée sur l'institution Petdeloup, a-t-elle assimilé les hommes de troupe à des potaches et leurs chefs à des pions. Voici l'occasion de revenir à un système rationnel et de récompenser le vrai mérite à défaut d'une science fort problématique.

Nous allons voir si les « *Compétences* » vont s'y décider. Si oui, il n'y a qu'à applaudir; si non, il ne nous restera plus qu'à chanter avec David qui lui, était un guerrier :

« Oculos habent et non videbunt »
(parce qu'ils mettent des monocles)
« Nares habent et non odorabunt »
(tout le monde n'a pas un flair d'artilleur)
« Pedes habent et non ambulabunt »
(ils ont les pieds nickelés)
« Manus habent et non palpabunt »
(Viens Poupoule ! ! !)

L'ARMÉÉ ÉCONOMIQUE PAR L'AVANCEMENT

Voici enfin terminé ce long résumé dont chaque alinéa pourrait former, avec documents à l'appui, un chapitre et chaque chapitre un volume.

Pour remettre en place les vis de la serrure il faut toucher à beaucoup de lois civiles et militaires et prendre ce qu'elles offrent de bon aux lois militaires passées et présentes.

Avec de la bonne foi la chose irait toute seule : mais comme depuis 1871, toutes les lois ont été faites pour avantager la catégorie régnante alors, il est à craindre que celle qui est à l'étude aura pour but d'avantager la catégorie adverse.

Dès lors ce sera une loi de représailles.

Il est une faute qui nous guette : c'est le maintien de la double origine. Du moment que c'est une faute, il n'y a pas de doute qu'elle soit commise, corrigez-la au moins par le tableau double ou par le choix à l'ancienneté de service au lieu de l'ancienneté de grade.

Lorsqu'on veut attirer des gens à son service, il faut leur offrir quelque chose de palpable ; la monnaie de singe et l'eau bénite de cour sont deux sauces qui relèvent le plat, mais il semble que jusqu'ici personne ne se soit préoccupé ni du fond ni de la forme, en vertu du principe erroné que tout est dû...... Regardez donc un peu ce qu'il rapporte pour l'instant ! Vous êtes à la dérive !

Quand chacun y trouvera son compte, tout le monde vous servira.

ÉPILOGUE

Les lignes qui précèdent étaient closes en février, quand des événements nouveaux sont venus corroborer les assertions qu'elles contiennent.

BELGRADE

Le coup d'Etat de Belgrade a surexcité certains cerveaux et on entend couramment des professionnels discuter sa réédition chez nous.

Le massacre d'un roi myope qui n'a même pas vendu sa vie à coups de revolver, et d'une reine jalousée sont devenus une œuvre pie; il n'est plus question que de tout réduire en miettes à l'aide d'explosifs fortement picratés, ce qui épargnerait la peine de sonder les cabinets de toilette avec des allumettes bougie...

Il est curieux de constater, que la caractéristique de ce commencement de siècle est la tendance générale des salariés de tout ordre à substituer leur manière de voir à celle de qui les emploie.

En admettant que les dépossédés ne se défendent pas, on peut s'imaginer le charmant régime qui s'ensuivrait et les agréments de toute nature qui en résulteraient pour les particuliers.

Il est permis de douter des aptitudes administratives, judiciaires, artistiques, techniques et autres des préfets (militaires naturellement) qu'il nous donnerait pour notre plus grande joie.

Chacun se lèverait, se coucherait à heure fixe, recevrait sa blanchisseuse et changerait de linge à jour déterminé.

Pendant qu'on y serait, on pourrait prescrire le même menu pour tout le monde et, en faisant chaque matin une manœuvre à laquelle tout homme valide serait tenu d'assister, pendant que les femmes s'exerceraient comme infirmières, on aurait la solution tant cherchée du déplacement minimum de l'armée dans ses foyers.

Sous un ministère clérical les sonneries se feraient au moyen des cloches; sous un ministère radical, au clairon et au tambour, avec un gouvernement modéré on emploierait les trois réunis.

Des brochures se font jour, qui dénotent une singulière idée de la situation; on ne peut les citer toutes, elles sont légion, mais quelques phrases valent leur pesant d'or par l'état d'âme qu'elles révèlent. En tout cas, toutes font appel à la force.

« Ce n'est pas tout de tailler, mon fils, disait Catherine après l'assassinat de Guise, il faut recoudre ! »

C'est là que rien ne va plus !

Habitués à démolir avec la dynamite, la mélinite, le fulmicoton, semblables aux enfants qui cassent leurs jouets, les renverseurs n'ont pas l'air de se rendre compte qu'un homme pousse en vingt ans, et se fauche en une seconde.

Destructeurs d'une certaine force, ils sont généralement de malhabiles organisateurs. Non pas qu'il ne s'en trouve, mais c'est l'exception.

On numérote avec soin, les glorieux conquérants qui ont su développer les territoires acquis au prix de leurs labeurs ; mais de Bonaparte à Faidherbe, en passant par Bugeaud, la liste n'en est pas bien longue, quoiqu'elle se continue encore par d'admirables chefs qui à l'heure actuelle mettent nos colonies en valeur.

Suchet, organisateur et pacificateur du royaume de Valence, surpasse Lannes, vainqueur de Saragosse.

Donc, une nation qui a la prétention de se réveiller le lendemain avec le gouvernement qu'elle s'est donné, à tort ou à raison, la veille, en arrive fatalement à créer son armée sur les bases ci-dessous :

1° Armée coloniale ou combattante ;

2° Armée métropolitaine ou enseignante.

Ces deux catégories forment l'armée active.

3° Armée mobile dans ses foyers ;

4° Armée territoriale en réserve.

C'est donc le système des trois bans distincts et indépendants.

1° ARMÉE COLONIALE

— Recruter le plus possible de régiments

indigènes, plus appropriés à leur climat, de manière à diminuer autant que faire se pourra le nombre des Français plus coûteux.

— Organiser le service militaire personnel aux colonies. Il peut y avoir des adaptations diverses selon chaque pays; un apprentissage de six mois serait possible presque partout.

Les réserves qu'on a essayées dans quelques-unes portent sur les anciens soldats comme l'avait tenté l'Empire en 1863.

Evidemment, ce sont les premiers à prendre et les plus faciles à trouver, mais c'est toujours le principe de charger le même parce qu'il a été chargé une fois... il vous répondra que c'est le tour des autres.

— Rapporter la loi sur l'armée coloniale; l'ouvrir par le tour d'embarquement aux métropolitains et ouvrir l'armée métropolitaine aux coloniaux qui ont besoin de repos.

Quand un homme a conquis des grades et états de services dans une arme, ils ne lui sont pas moins acquis et il est injuste de le faire le dernier dans une fraction qui n'a pas marché. Il n'est que juste qu'il bénéficie de ses services, les autres n'ont qu'à en rendre comme lui.

Augmenter le nombre des régiments étrangers. L'histoire de France en montre à toutes les époques depuis la formation des armées régulières et Napoléon poussa le système à son apogée jusqu'au soulèvement général de 1813. Sans les Bavarois et les Wurtembergeois, la concentration de 1809 sous le nez des Autrichiens était fortement compromise.

Nos alliés ont marché à l'avant-garde, les conquis nous ont fourni des contingents et les Prussiens n'ont été que de vulgaires copistes en poussant contre nous en première ligne les troupes des royaumes et duchés allemands dont ils formaient le soutien.

2° ARMÉE MÉTROPOLITAINE

Celle-ci peut économiser des cadres et des régiments en grand nombre.

Nous sommes la seule armée où on incorpore la réserve pêle-mêle avec l'active. C'est une source d'indiscipline tant pour les actifs que pour les réservistes, et d'aléas pour une mobilisation.

Partout ailleurs, les réserves quel que soit

le nom qu'on leur donne, forment une troupe et des régiments à part.

Le mélange a pu avoir sa raison d'être dans les commencements où les cadres manquaient, mais au bout de trente ans pendant lesquels tout le monde a fait son apprentissage du métier, il doit y en avoir, ou bien on ne sait pas les trouver. En tout cas si nous n'en avons pas maintenant, nous n'en aurons jamais.

Si donc on se décide enfin à former et à encadrer le 2e ban par lui-même, l'armée métropolitaine peut être réduite au nombre de régiments actifs à *effectifs de guerre* que pourront remplir les deux classes de recrues présentes sous les drapeaux augmentées des gradés et hommes de troupes rengagés ou commissionnés.

Il y a 25.000 officiers au moins. Si l'on sait s'y prendre, presque tous les ordonnances resteront au service; 15.000 hommes sont à trouver pour parfaire les 40.000 que l'on représente comme déchet probable; défalquez-les engagés volontaires vous aurez le déchet exact.

Or, aujourd'hui, sur huit régiments à

1.500 hommes on en formerait quatre à 3.000 soit une division à cadres pleins au lieu de deux à demi complètes.

La division commandée par un général de division commandant.

Un général de brigade adjoint, chargé d'expédier les affaires qu'expédiaient jadis quatre brigades et de prendre le commandement des détachements. L'exemple en est dans la marine où le vice-amiral et le contre-amiral ont les fonctions précitées dans une escadre Il n'est pas besoin d'appuyer sur la surperfluité d'un général de brigade pour deux régiments.

En vertu du principe de l'officier en second : le colonel commande son régiment, le lieutenant-colonel le supplée et administre les subdivisions territoriales, le cadre régimentaire et du dépôt reste le même, le cadre complémentaire est supprimé.

Ces mêmes mesures peuvent s'appliquer à toutes les armes en tant que corps de troupes, en n'encadrant que les effectifs que nous pouvons former et supprimant progressivement les cadres éventuels.

Il y aura évidemment une gêne momentanée que l'on peut atténuer par une série de mesures telles que :

1° Défalquer et rétablir les emplois des officiers détachés dans les différents services tels que Ecoles, Remontes, etc...

2° Echelonner sur dix années l'exécution de la mesure par réduction de 1/10 des emplois chaque année.

3° Etablir sans retard la retraite proportionnelle qui en est la conséquence.

4° Mettre en disponibilité et classer comme cadres de la réserve les officiers actifs, dont les emplois ont été supprimés, jusqu'à leur rappel à l'activité. Ceci s'est fait en 1815 et en 1871.

5° Faire faire par convocations successives le service des officiers détachés de leurs corps par des officiers de réserves.

Evidemment l'avancement sera ralenti pour un temps, mais nécessité fait loi, et ceux qui passeront définitivement dans la réserve le rattraperont amplement.

Pourtant, tout général de brigade sera sûr d'arriver divisionnaire, ce qui est foncièrement naturel.

— Avancement par embarquement.

— Majorations tarifées que chacun pourra contrôler comme un compte de banque, et non pas la majoration de bon plaisir et sans limite par tous les échelons hiérarchiques.

En accordant au ministre la faculté de majorer un bon serviteur sur six de 15 à 30 jours par an, ce dernier obtient ainsi une place dans le tableau qui le met en tête de ses camarades de promotion et cette latitude doit être suffisante.

— Majoration de 30 jours une fois donnés, au premier d'un cours d'application.

— Majoration de 30 jours par an pour les Brevetés d'Etat-Major, ingénieurs licenciés en droit, lettres, sciences.

— Choix 1/3 pour faits de guerre;

— Légion d'honneur indépendante du grade militaire;

— Congés sans solde n'interrompant pas l'ancienneté;

— Faculté de servir une puissance étrangère à ses risques et périls;

— Décompte des campagnes faites au service étranger;

— Prêt de chevaux de l'Etat.

Avec cela on doit satisfaire les ambitions

des gens résolus à faire leur chemin et qui n'ont aucune entrave.

— Recrutement des cadres inférieurs par la suppression de l'Ecole directe;

— Rengagement d'un an;

— Remplacement pour le rengagé qui veut quitter le service avant son terme;

— Rétablissement de la gendarmerie mobile qui reviendra moins cher que les mobilisations actuelles de gendarmes départementaux;

— La Garde Républicaine devient l'Ecole et la Pépinière de la Gendarmerie.

3° ARMÉE MOBILE
(Réserve)

Pour avoir la moindre dépense il faut avoir le plus possible d'hommes à la disposition vivant dans leurs foyers.

Or, si les réservistes actuels y sont, en tant qu'hommes de troupe, et une fraction de leurs officiers, l'autre fait partie du cadre complémentaire de l'armée permanente d'où la gêne qui résulte de son entretien.

La constitution de régiments mobiles (hommes et cadres) entièrement en dehors de l'armée active amènerait une économie très sensible.

On peut calculer approximativement la proportion de deux forts régiments pour un actif; ils lui seraient rattachés au point de vue de l'instruction de leurs cadres.

Ces cadres viendraient combler par une période les vides laissés par les actifs absents et en faire le service. Malheureusement on a laissé fuir les cadres par suite du peu d'avantages qu'ils ont trouvé dans la situation qui leur était faite; il faut les ramener et leur accorder pour cela des prérogatives.

— Droit au port de l'uniforme. Du moment qu'on les juge bons à le porter pour marcher à l'ennemi il est indiqué qu'ils doivent pouvoir l'endosser dans les cérémonies et réunions sans avoir besoin d'en demander la permission.

— Tarifs réduits sur les voies ferrées.

Les officiers généraux en jouissent par ce fait qu'ils sont susceptibles d'être rappelés à la tête des troupes; le principe est identique pour les autres officiers du cadre de réserve.

— Prêt de chevaux de l'Etat.

— Majoration des périodes par convocation.

(Pour inciter les convoqués à se présenter.)

— Majoration des périodes sans solde.

(Moyen d'avoir des remplaçants pour les actifs absents et d'exciter l'émulation.)

— Faculté de servir à l'Étranger dans les mêmes conditions que l'active.

— Avancement dans l'armée mobile d'après un tableau double prenant (en cas d'anciennetés égales) alternativement un officier sorti de l'active et un provenant de la mobile.

— Même avancement pour les sous-officiers et caporaux.

Un régime semblable ramènerait dans l'armée mobile beaucoup d'officiers sortis de l'active qui ont préféré la territoriale faute de stimulants.

Beaucoup de jeunes gens ayant possédé des grades dans l'armée active se souviendraient que noblesse oblige, les réoccuperaient ou les brigueraient plutôt que de se faire conducteurs d'automobiles d'Etat-major.

Les cercles militaires de province seraient tenus d'appliquer le règlement de celui de Paris et d'admettre les officiers des trois armées ce qui créerait la fusion des officiers et la prospérité des cercles.

Cette mise sur pied assure au corps d'armée une division active complète sur pied de guerre et deux divisions mobilisables immédiatement sur le même pied.

Ces dernières commandées par un divisionnaire et un brigadier en disponibilité, du cadre de réserve, en retraite, ou issus du cadre actif et promus au titre de la réserve.

Les vacances produiraient l'avancement de cette armée qui, sûre de monter en grade les comblerait rapidement. Il est même probable qu'au bout de peu de temps on serait obligé de mettre d'office dans l'armée territoriale des gens demandant à servir dans la réserve.

Des fractions de l'armée mobile pourraient être convoquées à titre de période en temps de troubles pour pallier à l'insuffisance de l'Active; on pourrait même lui confier la garde des arsenaux et poudrières.

— Enfin les hommes mariés et admis à loger en ville autorisés à endosser l'habit civil une fois leur service terminé. La vétusté des uniformes dont on les affuble n'est pas faite pour leur donner le goût de la tenue surtout s'ils donnent le bras à leur femme.

4° ARMÉE TERRITORIALE

Celle-ci évidemment a moins besoin d'encouragements mais il paraît cependant que la nécessité s'en fait sentir puisqu'elle commence à manquer d'officiers tout comme la réserve.

Il faudrait donc lui donner également des avantages et prérogatives.

— Port de l'uniforme.

— Tarifs réduits sur les voies ferrées.

— Prêt de chevaux de l'Etat.

— Les pompiers corps à part (garde nationale).

— Double tableau pour l'avancement, et en général réduire les charges militaires au minimum.

— Enfin on pourrait former peut-être là les escadrons d'éclaireurs que l'on cherche en vain depuis 30 ans.

Au moyen des chasseurs, piqueurs et autres hommes de cheval, gens d'âge encore très vigoureux, on doit pouvoir réunir le chiffre prévu en leur assurant le grade de sous-officier en échange de leur service qui peut les appeler aux opérations actives et la liberté d'emmener avec eux leurs propres montures. C'est un essai à tenter. (Les Francs-tireurs !)

Maintenant il est bien certain que vous ne pouvez avoir la prétention d'assimiler les grades dans les trois armées.

Leur hiérarchie est celle du moment; pour avoir de quoi combler les emplois il faut donner des grades, leur corrélation n'est pas possible d'une armée à l'autre.

On ne peut leur demander de marques extérieures de déférence que vis-à-vis des officiers généraux.

La révision des grades ne peut pas s'effectuer non plus, les lois n'ont pas d'effet rétroactif en France et celle de 1871 a lésé trop d'intérêts.

Il faut laisser les choses en l'état mais en faisant trois hiérarchies distinctes, chacune chez elle et ne se confondant qu'en cas de guerre.

C'est le plus sûr moyen de ne froisser personne et d'obtenir ce qui vous manque :

Le nombre.

EL MOUNGAR !

Il est une chose qui ressort tout d'abord : c'est que l'avancement est la base de toute l'économie puisque son défaut a amené la désertion partout.

Avec un avancement normal on obtient des officiers dans la Réserve.

Avec un nombre suffisant d'officiers de réserve on peut encadrer cette réserve et supprimer les emplois actifs créés dans ce but.

Cette réserve fournit des corps homogènes tandis que nul n'ignore qu'aujourd'hui, avec l'arrivée de réservistes inconnus et le départ de chefs de l'active pour d'autres destinations, la mobilisation ne nous donne que des corps incohérents.

Ces mêmes chefs arrivent dans de nouveaux corps, y sont totalement ignorés et noyés dans la masse.

Avec les trois bans on sait sur qui compter parce que l'on se connaît.

Enfin la suppression de l'Ecole directe vous donne pour rien les cadres inférieurs.

Son maintien nous coûtera 40 millions.

Vaut-elle ce prix ? Toute la question est là.

Créée par Napoléon comme un four à bachot militaire, elle a eu une existence glorieuse mais non indispensable car elle a dévié de son but ; les circonstances pour lesquelles elle a été forgée n'existent plus ; la tradition (ce fâcheux précédent) l'a portée à accaparer, depuis vingt ans de paix, tout l'avancement au choix ; les hauts grades, recrutés avec soin parmi ceux de son origine, ont barré systématiquement la carrière à tous ceux qui n'en sortaient pas, d'où la rancune de ceux-ci contre les privilégiés.

Le manque d'égards pour les réserves les lui a aliénées également et on peut dire que ce barrage obstiné à l'accession des grades a vexé tout le monde.

Résultat ? — Personne dans la réserve ne veut plus accepter aucune fonction militaire.

Dans l'active, voyant que la confrérie accaparait tout pour elle, on s'est adressé à d'autres sociétés rivales.

Que reprochent les brochures scolaires au rang ? d'avoir été chercher un serrurier pour se faire ouvrir une porte dont ses ennemis détiennent encore la clef.

Un scolaire « arrive », un issu de la troupe n'est qu'un « parvenu » ; on n'est pas plus Régence !

Aujourd'hui la lutte se mène contre un ministre habitué au calcul analytique qui a vu clair dans la question et le grave reproche qu'on lui adresse est de partager l'objet convoité en deux parts.

Voyons maintenant ce que nous ont donné les hommes de l'École les plus en vue :

Ses ministres ne nous ont menés à aucune amélioration, elle est contraire à la tradition.

Quand des ministres issus de Polytechnique ou du Rang ont tenté quelque chose toute l'École directe a foncé sur eux en poussant le cri : « Ne touchez pas à l'Arche Sainte ! »

Cette Arche Sainte pourrait bien n'être que l'Arche de Noé.

Il est heureux qu'elle ne date que de Napoléon ; si elle avait existé du vivant de Jésus-Christ nous irions encore à âne.

Descendons d'un cran.

La camaraderie a fait tolérer en haut la non-exécution, par les échelons inférieurs, des ordres donnés.

L'instabilité ministérielle faisait hésiter à sévir, et, d'autre part, les échelons ne considèrent la discipline comme obligatoire que vis-à-vis de ceux de leur Ecole, il est très discipliné d'attaquer le ministre s'il sort d'une autre.

Il faudrait donc là le sous-secrétaire d'Etat dont nous parlions plus haut, n'ayant crainte d'une interview entre deux portes et de taille à réprimer toute incartade vînt-elle d'une plume jaune.

Devant toutes ces considérations et en vue de la continuation d'un régime néfaste, faut-il maintenir une institution qui ne répond plus à son but et dont les rouages ont été faussés ?

Prévue pour les besoins d'une armée de 100.000 hommes, elle ne peut subvenir à ceux d'une armée qui se chiffre aujourd'hui par quatre millions.

A des besoins nouveaux il faut faire face par des moyens nouveaux, et, puisque nous le pouvons, gardons dans notre poche les millions qu'on nous demande pour la maintenir ; nous serions des sots d'hésiter.

L'armée s'en est passée jadis et s'en passera encore.

D'ailleurs l'Ecole elle-même est menée par une camarilla accapareuse composée de Brevetés incapables ou de professeurs sans expérience, que l'Etat-major, les troupes, les Ecoles se renvoient comme des balles élastiques et dont ils ne réussissent à se débarrasser qu'en leur donnant de l'avancement parce qu'à chaque nouveau grade ils changent de service et déblaient ceux qu'ils encombrent.

C'est cette camarilla qui en escaladant les grades, par suite de sa nullité même, cause tout le mal.

Les camarades scolaires qui n'en font pas partie voient leur valeur réelle aussi méconnue que celle des non-scolaires.

Il faut proclamer une fois pour toutes que la Camarilla n'est point l'Ecole, l'Ecole n'est pas l'Active, l'Active n'est point l'Armée, l'Armée n'est point la France, mais elle en est la servante.

Vous avez aujourd'hui l'occasion de créer l'Armée de tout le monde, et il faut la faire à tout prix.

Jusqu'ici il y a eu une agglomération de petites chapelles mais sans nef centrale; il faut construire la cathédrale où tout le monde ait accès.

Si vous hésitez à faire percer les bas grades, relisez donc le rapport du combat d'El Moungar et vous y verrez les petits et les humbles se placer à la hauteur de leur mission et rempacer leurs officiers tués à la première décharge.

Ah les braves gens ! ! !

Et ils pullulent partout.

Et vous hésitez encore ?

Allons donc ! Là est le salut et la régénération. Quiconque a été à la peine doit être à l'honneur, la Patrie n'en sera que mieux défendue.

Voici assez longtemps que les idées fausses se font jour, il est temps de revenir aux conceptions saines.

Les condors nous ont trop longtemps fascinés en se donnant pour des aigles.

De loin c'est quelque chose
Et de près ce n'est rien.

LA FONTAINE.

Malgré toutes leurs fautes, nous avons une très bonne armée... Comme tout le monde, nous devrions avoir depuis longtemps la meilleure et nous l'aurons quand on laissera les aigles prendre leur essor.

Il n'est pas question de supprimer l'armée, il faut la transformer d'une façon pratique sans en diminuer le nombre ni la qualité, nous croyons avoir indiqué la voie.

D'autre part, il était nécessaire de prendre la défense de ceux qui pâtissent sans pouvoir se faire rendre justice par suite de préjugés absurdes.

Sachez d'abord choisir vos chevaux. Ensuite achetez-les au grand marché.

Vous serez toujours bien montés.

FIN

PARIS. — Imp. P. MOUILLOT, 13, quai Voltaire.